TEAM
班组管理
一本通
轻松成为优秀班组长

吴拓 编著

化学工业出版社
·北京·

图书在版编目（CIP）数据

班组管理一本通：轻松成为优秀班组长/吴拓编著. —北京：化学工业出版社，2020.1（2023.8重印）
ISBN 978-7-122-35716-8

Ⅰ.①班… Ⅱ.①吴… Ⅲ.①班组管理 Ⅳ.①F406.6

中国版本图书馆CIP数据核字（2019）第247278号

责任编辑：贾　娜　　　　文字编辑：谢蓉蓉　　　　装帧设计：水长流文化
责任校对：盛　琦　　　　美术编辑：王晓宇

出版发行：化学工业出版社（北京市东城区青年湖南街13号　邮政编码100011）
印　　装：三河市延风印装有限公司
710mm×1000mm　1/16　印张12　字数238千字　2023年8月北京第1版第6次印刷

购书咨询：010-64518888　　　　　　　　　　　　售后服务：010-64518899
网　　址：http://www.cip.com.cn
凡购买本书，如有缺损质量问题，本社销售中心负责调换。

定　　价：58.00元　　　　　　　　　　　　　　　版权所有　违者必究

前言

班组是企业生产行政管理最基层的一级组织,容纳了企业人数最多的作业层的人员。它是根据产品或工艺的要求,把若干相同或不同工种的工人,在明确分工、分清职责、相互密切协作的基础上,运用所拥有的机器设备、工艺装备、原材料等生产资料,从事生产产品的劳动集体和劳动组织形式。企业所有生产、技术、经济等各方面的任务最终都必须通过班组来落实和完成。

班组是企业的细胞,是企业生产经营管理的第一线,具有提高企业经济效益、保证企业管理目标实现的作用。班组是企业能人、强人的聚集库,是企业活力的源头,对企业的发展起"输能"的作用;班组是企业职工的小家,具有育人和护人的熔炉作用,是企业民主管理的基地,具有团结和稳定职工的凝聚作用。班组管理水平的高低,直接关系到企业经营的成败。只有班组生机勃勃,企业才会有旺盛的活力,才能在激烈的市场竞争中长久地立于不败之地。

班组长是在车间生产现场直接管辖生产作业员工,并对其生产结果负责的人。班组长既是直接参加生产的工人,又是班组生产活动的组织者和指挥者。

班组长官位最小,而责任却最大,其使命是为实现企业的生产经营目标而根据本班组现有的条件,优质高效地完成车间下达的生产经营任务或业务。班组长的工作是对生产资源投入生产的过程及其生产出的产品(服务)进行管理,其任务包括对班组人员的领导监督和对班组生产活动的组织指挥,充分调动全班组人员的主观能动性和生产积极性,团结协作,合理地组织人力、物力,充分利用各方面信息,使班组生产均衡有效地进行,保证按质、按量、按期完成生产作业计划。概括起来,班组长最基本、最具体的工作主要包括四个方面:一是提高产品质量,二是提高生产效率,三是降低成本,四是防止工伤和重大事故。

班组长就是企业中最基层的负责人。这是一支数量庞大的队伍。在实际工作中，经营层的决策做得再好，如果没有班组长的有力支持和密切配合，没有一批领导得力的班组长来组织开展工作，那么经营层的决策就很难落实。

班组长不仅职业道德、技术业务、文化知识等方面的基本素质要好，还要懂得企业管理，有一定的组织协调能力，因为班组长是班组的领头羊，处于直接和员工打交道、多种矛盾交叉、多种困难并存的特殊位置，责任重大。一个班组要出色地完成企业下达的任务，必须要有一个优秀的、能力出众的班组长。

由此可见，班组长的选拔和使用，班组长的组织培养和自我修养，是企业建设和发展不可忽视的重要任务。

本书就是为企业班组长开展管理活动和为企业培训班组长而编写的一本指导性书。全书共九章，内容包括：班组管理概述、班组的生产管理与技术管理、班组质量管理与控制、班组生产设备及工艺装备的管理、班组的物料管理、班组的经济核算、班组的基础管理工作、班组的安全生产与环境管理、班组长的培养与选拔等。既包括传统的企业管理方式，又涉及当代最新的企业管理理念和生产管理模式。既有理论阐述，又有实际案例，可供企业生产一线的班组长自学阅读，又可作为企业培训班组长的参考教材。

本书采用问答的形式进行讲解，对问题的要点运用表格列出，形式新颖、表述清晰、重点突出、一目了然。鉴于现代企业里的班组长都有一定文化基础，因此本书既对班组长的常规工作进行了全面的、详尽的列举，又对当代企业管理的新理念和最新的生产形式作了适当介绍；既有理论阐述，又有实际案例参考。

智者千虑，百密一疏，囿于编者水平，书中疏漏难免，恳请读者不吝批评指正。

编著者

目录

第1章 班组管理概述

1.1 班组的概念 — 1
- 1.1.1 何谓班组？ 1
- 1.1.2 班组在企业中的地位如何？ 1

1.2 班组的建设 — 2
- 1.2.1 班组如何划分与设置？ 2
  - 【案例1-1】某冶金矿业集团车间班组设置与调整原则 2
- 1.2.2 班组建设的任务是什么？ 3
- 1.2.3 班组的管理制度有哪些？ 4
  - 【案例1-2】某化工有限公司班组管理制度 5
- 1.2.4 班组如何实施民主管理？ 6
  - 【案例1-3】××集团"十星"级班组管理 11

1.3 班组长的职责和权限 — 12
- 1.3.1 班组长在企业中扮演何等角色？ 12
- 1.3.2 班组长有哪些职责与权限？ 13
  - 【案例1-4】某新能源开发有限公司班组长岗位职责 15
- 1.3.3 什么是班组长的岗位规范？ 15
  - 【案例1-5】某机械制造有限公司××车间压铸班班长职务说明书 17

第2章 班组的生产管理与技术管理

2.1 班组生产管理概述 — 19
- 2.1.1 何谓生产？ 19
- 2.1.2 现代生产有哪些特点？ 19
- 2.1.3 何谓生产管理？ 20
- 2.1.4 班组生产管理的内容有哪些？ 20
- 2.1.5 班组生产管理的任务有哪些？ 21
- 2.1.6 班组如何组织生产过程？ 22

2.2 班组的生产计划与控制 —— 26
- 2.2.1 何谓班组生产计划？ —— 26
- 2.2.2 班组生产计划安排应遵循什么原则？ —— 26
- 2.2.3 班组如何执行和控制生产计划？ —— 27
  - 【案例2-1】某轴承厂磨加工车间磨工二班生产作业进度的控制技巧 —— 27
- 2.2.4 班组生产调度的任务、内容和方法有哪些？ —— 30
- 2.2.5 班组如何实施JIT生产方式？ —— 31
- 2.2.6 班组如何实现精益生产？ —— 33

2.3 车间生产现场管理 —— 34
- 2.3.1 何谓生产现场？何谓生产现场管理？ —— 34
- 2.3.2 对班组生产现场管理有何要求？ —— 35
  - 【案例2-2】某动力股份有限公司强化班组现场管理 —— 36
- 2.3.3 何谓"看板管理"？实施看板管理应遵循哪些原则？ —— 37
  - 【案例2-3】××塑料制品有限公司包装班看板管理活动的实践与成效 —— 39
  - 【案例2-4】某机床厂总装班关于"低级问题七大害"的看板 —— 40
- 2.3.4 何谓"5S管理活动"？如何开展5S管理活动？ —— 41
  - 【案例2-5】某通信集团公司数码录音器班的"5S活动"现场管理 —— 43

2.4 班组的技术管理 —— 43
- 2.4.1 班组的生产工艺管理活动有哪些？ —— 44
- 2.4.2 班组如何开展技术革新活动？ —— 44

第3章 班组质量管理与控制

3.1 质量管理概述 —— 46
- 3.1.1 何谓质量？何谓质量管理？ —— 46
- 3.1.2 质量管理有哪些新理念？ —— 48
  - 【案例3-1】从破产到异军突起，皆源于质量 —— 49
  - 【案例3-2】"海尔人"永恒的魅力 —— 49
- 3.1.3 质量管理应贯彻哪些原则？ —— 50

3.2 班组的质量管理工作 —— 52
- 3.2.1 何谓质量检验？ —— 52
- 3.2.2 如何做好生产准备过程的质量管理？ —— 52

3.2.3	如何实施生产过程质量控制？	52
	【案例3-3】某公司机加工班以"换位意识"抓质量管理	55
3.2.4	如何开展现场质量管理？	55
	【案例3-4】某金属制品有限公司二车间冲压班实施首件检验制度效果显著	56
3.2.5	如何开展辅助生产过程和使用过程中的质量管理？	56
3.2.6	班组质量管理的其他措施有哪些？	56

3.3 质量管理的常用工具与技术 —— 58

3.3.1	排列图	58
	【案例3-5】某轴承厂磨工班产品质量排列图	58
3.3.2	直方图	59
3.3.3	控制图	59
3.3.4	散布图	60
3.3.5	调查表	60
3.3.6	因果图	60
	【案例3-6】某加工班钳头不良的质量分析	61
3.3.7	对策表	61

第4章 班组生产设备及工艺装备的管理

4.1 班组生产设备管理概述 —— 62

4.1.1	何谓设备？	62
	【案例4-1】现代设备的十大特点	62
4.1.2	设备如何分类？	63
4.1.3	何谓设备管理？	63
	【案例4-2】某卷烟厂二车间卷包班设备管理的新模式	64
4.1.4	设备管理的目标、任务与内容有哪些？	65

4.2 班组设备的使用、维护与改造 —— 66

4.2.1	班组设备如何合理使用？	66
4.2.2	班组设备如何进行维护保养？	67
4.2.3	班组设备如何实施维修？	68
	【案例4-3】某金属制品厂一车间冲裁班设备管理的问题及其对策	70

4.2.4 班组设备如何进行更新与改造? ····· 72

4.3 班组工艺装备的管理 ————————————————————— 75

4.3.1 何谓工艺装备? 如何分类? ····· 75

4.3.2 何谓工装管理? 工装管理有哪些要求? ····· 76

4.3.3 班组工装管理有哪些制度? ····· 78

【案例4-4】某淀粉厂生产车间班组工具管理制度 ····· 80

【案例4-5】某汽车公司涂装班日常工具管理 ····· 80

第5章 班组的物料管理

5.1 班组物料 ————————————————————— 82

5.1.1 何谓班组物料? 班组物料有何特征? ····· 82

5.1.2 何谓班组物料管理? ····· 82

5.1.3 班组物料如何分类? ····· 82

5.2 班组物料管理 ————————————————————— 84

5.2.1 班组物料管理的任务是什么? ····· 84

5.2.2 班组物料管理的内容有哪些? ····· 85

【案例5-1】××公司中心丸剂生产车间班组物料
管理制度 ····· 85

5.2.3 班组物料管理工作要点有哪些? ····· 85

5.2.4 班组如何节约物资和能源? ····· 87

5.2.5 班组开展节能降耗的途径有哪些? ····· 88

【案例5-2】某制药厂二车间××药制剂班如何加强物料控制? ····· 89

5.3 班组的在制品控制及库存管理 ————————————————————— 89

5.3.1 何谓在制品? ····· 89

5.3.2 在制品如何控制? ····· 90

【案例5-3】××轴承厂球轴承车间班组在制品管理 ····· 91

5.3.3 班组如何进行库存管理? ····· 91

第6章 班组的经济核算

6.1 班组经济核算的意义和基础工作 —————————————— 93
6.1.1 开展班组经济核算有何意义? 93
6.1.2 班组开展经济核算应做好哪些基础工作? 94
【案例6-1】××电子有限公司封装车间班组经济核算工作经验 94
【案例6-2】××热加工有限责任公司热处理班开展经济核算成效显著 95

6.2 班组经济核算指标体系与经济活动分析 —————————— 97
6.2.1 班组经济核算的指标有哪些? 97
6.2.2 班组经济活动分析内容有哪些? 98
6.2.3 班组经济活动分析应按什么程序进行? 99
6.2.4 班组应承担哪些经济责任? 99
6.2.5 经济责任制的基本形式有哪些? 100

6.3 班组的资产管理和成本管理 ——————————————— 100
6.3.1 什么是班组的固定资产? 100
6.3.2 班组固定资产管理的目的和要求是什么? 101
6.3.3 班组成本由哪些项目构成? 101
6.3.4 班组成本如何核算和控制? 102
【案例6-3】某电容器有限公司机加工车间开展班组成本管理的实践经验 104

第7章 班组的基础管理工作

7.1 班组的规章制度建设 —————————————————— 105
7.1.1 何谓规章制度? 105
7.1.2 班组开展规章制度建设有何意义? 105
7.1.3 规章制度的主要功能有哪些? 106
7.1.4 班组的规章制度有哪些? 106
7.1.5 制订班组规章制度应遵循哪些原则? 107

  7.1.6 如何保障班组规章制度能得到顺利执行? ... 108
    【案例7-1】某电子厂的班组规章制度 ... 109
    【案例7-2】某电子仪器厂组装班生产秩序管理制度 ... 112
7.2 班组的政治思想工作 ——112
  7.2.1 班组政治思想工作的地位和作用如何? ... 112
  7.2.2 班组政治思想工作的任务有哪些? ... 113
  7.2.3 班组政治思想工作的基本内容有哪些? ... 113
    【案例7-3】某机器厂钳工班班组政治工作制度 ... 115
    【案例7-4】某地车务段党委认真落实班组思想政治工作制度 ... 115
7.3 班组的企业文化建设 ——116
  7.3.1 何谓企业文化? ... 116
  7.3.2 企业文化有何特点? ... 117
  7.3.3 企业文化具有哪些功能? ... 118
    【案例7-5】企业文化为先导的有效管理 ... 120
  7.3.4 企业文化包含哪些内容? ... 120
    【案例7-6】松下电器:"松下七精神" ... 122
    【案例7-7】李宁公司:崇尚运动 ... 123
  7.3.5 班组如何开展企业文化建设? ... 124
  7.3.6 企业文化建设具有何种意义? ... 125
  7.3.7 企业文化建设的主体和中坚力量是谁? ... 125
    【案例7-8】松下:员工是企业的主人翁 ... 126
  7.3.8 班组开展企业文化建设应遵循哪些原则? ... 127
    【案例7-9】惠普:"尊重个人价值"的精神 ... 128
7.4 班组的员工管理 ——129
  7.4.1 班组在管理中如何营造一个良好的人际氛围? ... 129
  7.4.2 班组为什么要对员工进行教育培养? ... 131
  7.4.3 班组应如何对员工进行教育培养? ... 131
7.5 班组管理的常见问题及其对策 ——132
  7.5.1 班组内同事之间发生矛盾怎么处理比较恰当? ... 132
  7.5.2 班组长如何做好上传下达? ... 132
  7.5.3 班组长如何对待"多管闲事"的员工? ... 133
  7.5.4 班组长如何让员工信服自己? ... 134
  7.5.5 班组长如何正确对待因违纪而受处分的员工? ... 135
  7.5.6 班组长如何管理技术员工? ... 135

7.5.7 班组长如何安抚失意员工? 136
7.5.8 班组长如何管理"问题员工"? 136
【案例7-10】某机械厂三车间机修班赵"皮匠"的"脱胎换骨" 137

第8章 班组的安全生产与环境管理

8.1 安全生产 —139
8.1.1 何谓安全生产工作? 139
8.1.2 安全生产工作有何特点? 139
8.1.3 搞好安全生产工作的意义何在? 140
8.1.4 企业生产存在哪些安全隐患? 140
8.1.5 企业安全生产的技术措施有哪些? 141
8.1.6 如何实施安全生产教育? 141
8.1.7 如何组织安全生产检查? 142
8.1.8 班组安全管理工作有哪些内容? 143
【案例8-1】某炼油厂催化车间三班安全管理的经验 143
【案例8-2】小事情,大教训 146

8.2 劳动保护 —146
8.2.1 何谓劳动保护? 146
8.2.2 何谓工业卫生? 147
8.2.3 劳动保护的任务与内容有哪些? 147
8.2.4 如何改善劳动条件? 148
8.2.5 如何防治职业病? 149
【案例8-3】某钢铁集团有限公司炼钢车间二班的劳动保护 150

8.3 环境管理 —151
8.3.1 班组开展环境保护有何意义? 151
8.3.2 班组的环境保护有哪些? 152

8.4 清洁生产 —153
8.4.1 何谓清洁生产? 153
8.4.2 清洁生产的意义何在? 153
8.4.3 清洁生产包含哪些内容? 154
8.4.4 清洁生产有哪些特点? 154

8.4.5	班组实现清洁生产应采取哪些措施？	155
	【案例8-4】某汽车制造厂发动机班实施清洁生产办法多	155

第9章 班组长的培养与选拔

9.1 班组长的培养 —————————————————————157

9.1.1	对班组长有哪些素质要求？	157
9.1.2	班组长应具备哪些基本能力？	158
9.1.3	班组长如何进行自我管理？	159
9.1.4	如何对班组长进行能力培训？	160
	【案例9-1】××公司的班组长队伍建设	161

9.2 班组长的选拔 —————————————————————161

9.2.1	如何选拔班组长？	161
9.2.2	如何当好班组长？	162
	【案例9-2】任劳任怨的王强	163
	【案例9-3】严格管理的程凯	163
	【案例9-4】老好人刘丽	164

9.3 班组长的深造 —————————————————————164

9.3.1	如何提高班组长的企业管理水平？	164
9.3.2	现代企业管理的新理念有哪些？	165
	【案例9-5】管理知识的重组	168
9.3.3	何谓ERP系统？	168
	【案例9-6】三角集团实施ERP项目的收获	173
9.3.4	何谓大数据？	175
	【案例9-7】您知道什么叫大数据吗？	175

参考文献　　　　　　　　　　　　　　　　　　　　　　　　　179

第1章 班组管理概述

1.1 班组的概念

➤ 1.1.1 何谓班组？

班组是企业生产行政管理最基层的一级组织，它是根据产品或工艺的要求，把若干相同或不同工种的工人，在明确分工、分清职责、相互密切协作的基础上，运用所拥有的机器设备、工艺装备、原材料等生产资料，从事生产产品的劳动集体和劳动组织形式。企业所有生产、技术、经济等各方面的任务最终都必须通过班组来落实和完成。

班组是企业的细胞，是企业生产经营管理的第一线，具有提高企业经济效益、保证企业管理目标实现的作用。班组是企业能人、强人的聚集库，是企业活力的源头，对企业的发展起"输能"的作用；班组是企业职工的小家，具有育人和护人的熔炉作用，是企业民主管理的基地，具有团结和稳定职工的凝聚作用。

➤ 1.1.2 班组在企业中的地位如何？

在企业中，从纵向结构上一般划分为表1-1所示的四个层次，即决策层、管理层、督导层和作业层。

表1-1 企业的纵向结构

层次	所从事的工作
决策层	负责企业战略的制订及有关企业宗旨和方向等重大问题的决策，包括董事长、总经理、副总经理等人员
管理层	负责按照决策层制订的战略方针和目标，制订具体的目标指标和执行计划并安排实施的各职能部门负责人和管理人员
督导层	在生产一线督促和指导员工完成生产任务的管理人员
作业层	直接从事生产的操作工人和服务人员

班组则是容纳了企业人数最多的作业层的人员，企业所有生产经营任务，最终都必须要落实到班组去完成。所以，班组管理水平的高低，直接关系到企业经营的成败。只有班组生机勃勃，企业才会有旺盛的活力，才能在激烈的市场竞争中长久地立于不败之地。

1.2 班组的建设

▶ 1.2.1 班组如何划分与设置？

生产班组是根据生产类型、工艺特点和生产需要来划分和设置的。划分和设置班组的原则如表1-2所示。

表1-2 划分和设置班组的原则

遵循原则	具体含义
根据工艺性原则	将同类设备和同工种工人组成一个班组，对不同产品进行相同工艺方法加工。这种组织形式便于工人相互学习、交流经验
根据对象原则	按加工对象，将加工某产品所需的不同设备和不同工种的工人组成一个班组，对相同产品进行不同工艺方法的加工。这种组织形式作业管理比较简化，但培训指导较复杂
根据混合原则	在劳动分工的基础上，为完成某项工作任务，将相互紧密联系的不同工种的工人及其设备组成一个班组。这种劳动组织形式有利于各工种之间的协作配合
根据成组加工要求	将同类机器设备组成机组，或不同机器设备按工艺顺序组成机组，形成机群式的工作地，由一定数量的工人在明确分工的基础上，对零件进行加工的劳动集体组织形式。这一组织形式有利于促进工人生产效率和设备利用率的提高，有利于取得更好的经济效益

划分和设置班组，必须从车间生产的实际情况出发，根据具体生产条件和需要来确定，必须注意人员的合理配备、明确岗位责任、有利于协作配合。

【案例1-1】 某冶金矿业集团车间班组设置与调整原则

某冶金矿业集团班组的设置与调整结合本单位的实际情况，从有利于管理、有利于提高劳动生产率和企业经济效益出发，根据生产（工作）任务、生产工艺特点、分工协作关系等具体情况和需要来确定。

① 对于连续性倒班生产的车间（区、队），通常按生产工艺要求将同一时间上班的若干个岗位上的职工划分为一个班组。

② 对同一类型设备的同工种、不同岗位的若干职工划分为一个班组。

③ 对生产工序联系性强的岗位，可按工艺流程的不同阶段分别设置班组。

④ 对生产过程中劳动强度大的岗位，可按工作地相同或相邻的同工种划分为一个班组。

⑤ 建筑安装专业通常按工种划分班组，也可根据施工对象的特点设置多工种班组。

⑥ 按照有效的管理幅度和科学的管理层次设置班组和班组人数。原则上每个班组不少于10人，可根据生产工作任务需要设班长1人。因特殊原因少于10人的，必须经公司人力资源部门审定，但最少人数不低于6人。

⑦ 根据生产需要，结合改善劳动组织和编制订员，由公司人力资源部门适时对车间（区、队）提出的班组设置和调整意见进行审核，并建立班组档案；红旗标兵班组的注销、合并、班组长调整，应事先征得集团公司班组建设领导小组同意。

⑧ 部分车间（区、队）设置的工段，应当纳入班组序列管理。

1.2.2 班组建设的任务是什么？

班组是企业组织生产经营活动的基本单位，是"两个文明"建设的第一线，是企业活力的源头。只有把班组建设搞好，企业才能稳步发展；只有班组充满生机和活力，企业才会有活力和后劲，才能挖掘出蕴藏在广大职工群众中的积极性和创造力，使企业在市场竞争中立于不败之地。加强班组建设，应该从思想建设、组织建设和业务建设三方面开展工作，如表1-3所示。

表1-3 班组建设的工作内容

班组建设内容	具体工作内容
思想建设	① 加强政治思想工作，大力宣传先进，积极扶植正气，认真开展批评与自我批评，耐心细致地发现和解决职工中存在的思想问题 ② 关心群众生活，了解职工的生活状况，及时帮助解决职工生活上的实际困难 ③ 抓好精神文明建设，认真培养良好的工作作风，努力建设一支思想上进、干劲十足、技术过硬、办事严谨、团结友爱的战斗集体
组织建设	① 建设坚强有力的班组核心，关键是配好班组长。班组长应由能以身作则、团结群众、技术精湛、处处起表率作用、原则性强、善于管理、有奉献精神的同志担任 ② 组织工人参加班组民主管理 ③ 建立和健全班组管理制度。除企业和车间的各项管理制度外，班组还应根据实际情况，建立一套以岗位责任制为主要内容的班组管理制度，并让遵守制度成为群众的自觉行动

续表

班组建设内容	具体工作内容
业务建设	① 加强生产管理，因人制宜合理分配生产任务，掌握生产进度，及时处理生产过程中的问题，组织均衡生产，开展劳动竞赛，保证高产、优质、低耗、安全地完成生产计划 ② 加强劳动管理，做好各项原始记录和凭证，做好统计工作，做好班组的各项看板，不断提高班组的出勤率、工时利用率和劳动生产率 ③ 加强技术管理，牢固树立"质量第一"的观念，做好标准化建设工作，认真执行工艺规程，发动群众大搞技术革新 ④ 加强设备管理，认真执行设备维护保养制度，努力提高设备的完好率和利用率，使设备始终保持良好状态 ⑤ 加强经济核算，认真落实班组经济核算指标，抓好定额管理，调动群众参与经济分析活动的积极性，不断扩大经济效果 ⑥ 坚持安全文明生产，定期检查，落实措施，交流经验，预防事故发生

▶ 1.2.3 班组的管理制度有哪些？

现代工业生产是一个极其复杂的过程，必须合理地组织劳动者与机器设备、劳动对象之间的关系，合理地组织劳动者之间的分工协作关系，使企业的生产技术经营活动能按一定的规范向既定的经营目标协调地进行。要做到这一点，必须有合理的规章制度，对人们在生产经营活动中应当执行的工作内容、工作程序和工作方法有所规定。所谓规章制度，就是指企业对生产技术经营活动所制订的各种规则、章程、程序和办法的总称。它是企业全体职工所共同遵守的规范和准则。有了规章制度，就使企业职工的工作和劳动有章可循，做到统一指挥、统一行动，人人有专责，事事有人管，办事有依据，检查有标准，工作有秩序，协作有契约，这样才能保证生产经营活动顺利而有效地进行。

企业规章制度繁多，就班组而言，按其所起的作用和应用范围，大体可分为如表1-4所示的三类。

表1-4 班组的管理制度

制度类型	制度内容
岗位责任制（按工作岗位确定的责任制度，不论谁在哪个工作岗位上工作，都要	① 班前准备六到位：提前到岗位，查看交接簿；检查安全防护装置，穿戴好劳保用品；了解作业计划，熟悉工艺图纸；校对材料（毛坯）；检查设备和工装完好情况；先加油润滑后试车 ② 班中执行六坚持：坚守工作岗位；坚持按工艺操作规程和产品质量标准进行生产；坚持"三检"（自检、互检、专检），保证产品质量；坚持经常检查设备各部位完好情况，发现故障隐患及时排除，按时维护保养设备，保证设备清洁、完好和正常状态，提高设备利用率；坚持安全文明生产，按照规定使用劳

续表

制度类型	制度内容
执行该岗位的责任）	动保护用品和安全装置，严防违章作业；坚持妥善保管和自理使用各种工具辅具，精打细算，修旧利废，节约使用，降低消耗，提高质量，减少不良品 ③ 班后负责三做到：擦拭好设备，整理好工具辅具、零件；清扫现场，为下一班创造良好条件；做好当班的各项原始记录，按规定交接班
管理制度	① 职工考勤管理制度。该制度规定职工请假的手续及对各种类别请假的处理办法，规定了职工的考勤办法 ② 思想政治工作制度。该制度规定各级管理人员以及党员思想政治工作的任务和责任，提出思想政治工作的内容、形式和方法 ③ 职工奖惩制度。规定职工受奖的条件和等级，规定了受惩罚的范围和类别，明确了从车间主任到班组长的奖惩范围和权限 ④ 工资奖金及职工福利费管理制度。根据企业工资奖金分配原则，制订具体的分配和管理办法 ⑤ 设备维修保养制度。明确设备维护保养的具体要求，落实责任，制订设备维修计划 ⑥ 交接班制度。确定交接班的内容、纪律和时间要求，严格交接班手续 ⑦ 仓库保管制度。明确物资出库、入库手续，加强物资保管的"三防"（防火、防腐、防盗）措施 ⑧ 低值易耗品及废旧物资回收利用管理制度 ⑨ 安全生产制度。包括安全生产责任制度、教育制度、检查制度、事故处理制度、职业病防治制度等 ⑩ 环境保护制度。包括切屑、废渣、废水、废气、废料、有毒物品处理制度，车间过道物品摆放制度，车间各种看板、宣传示板、通知广告等的张贴制度等
技术标准和技术规程	① 技术标准通常是指产品技术标准。它是对产品必须达到的质量、规格、性能及验收方法，包装、储存、运输等方面的要求所做的规定。此外，还有零部件、原材料、工具、设备标准。技术标准是职工在生产技术活动中共同的行为准则 ② 技术规程是为了执行技术标准，保证生产有秩序地顺利进行，在产品加工过程中指导操作者操作、使用和维修机器设备及技术安全等方面所做的规定。一般有工艺规程、操作规程、设备维修规程和安全技术规程等 ③ 班组在执行企业颁布的技术标准和技术规程时，如发现某些规定不符合实际，或者有缺陷，必须报请企业有关职能科室进行验证，然后进行修改、完善，制订出新的规定后由主管领导批准实施

【案例1-2】 某化工有限公司班组管理制度

① 班组将全部包机、地面等所有项目分配到班组所有成员，做到人人有项目、人人有包区，每空一项扣10元。

② 每班在上夜班时必须对包机、包区进行彻底打扫，特别是压缩机地面必须达

到一尘不染，否则班组将予以严格惩罚。

③ 当班组出现好人好事或额外劳动时，班组应予以奖励，标准为10～20元。

④ 班组每月在140、150工段评选出1位工作态度优秀者，奖20元。

⑤ 未经班长同意不参加交接班的成员按照迟到标准考核。

⑥ 班组成员有事休班必须写请假条，经班长和车间领导同意签字生效后方可休班，否则按旷班考勤。

⑦ 班组成员休病假，必须提前请假且上班后出示由医院盖公章并签字的病假条，否则按事假考勤。

⑧ 班组休班人员控制在2人/班，班长轮休时班组不再安排班组人员休班。

⑨ 绩效考核分为月度考核与年度考核，月度考核以个人绩效系数为基础，实行百分制考核。任务完成情况（60分）、工作能力（10分）、劳动纪律（10分）、出勤（10分）、其他（10分）。

⑩ 员工休病假时，班组扣除当班绩效分给顶班人员。

⑪ 为提高员工积极性，车间按数额发放的各类奖金，班组将根据车间要求对口发放，要求二发分配的，分配系数以岗位系数作为参考。

⑫ 班组建设奖励20元/月；QC（质量控制）奖励20元/月；宣传稿件奖励5元/篇，消耗记录奖励10元/月；班前5分钟奖励10元/月。

⑬ 严格遵守8小时工作制度，迟到早退的视情况处罚10～50元/次。

⑭ 班上离岗、脱岗和串岗的视情况处罚5～10元/次。

⑮ 班上岗位报表漏记、错记和涂改的视情况处罚5～20元/次。

⑯ 班上外出买饭、会客等视情况处罚5～20元/次。

⑰ 班上干私活或与生产无关的事情视情况处罚5～20元/次。

⑱ 班前班上喝酒的，除令其离开岗位外，处罚50～100元/次。

▶ 1.2.4 班组如何实施民主管理？

1.2.4.1 班组民主管理的组织形式

企业职工是否具有积极向上的精神风貌，是否能积极主动地做好企业的各方面工作，很大程度上取决于他们在企业中是否具有主人翁意识，是否具有主人翁责任感。企业职工一旦觉得自己成为企业的真正主人，成为企业名副其实的主体，就会自觉地将企业的目标内化为自己的理想，就会发自内心地执着追求而焕发出一种巨大的献身精神。在东西方企业界都强调以人为本的企业文化的今天，要使职工具有主人翁意识和主人翁责任感，国内外普遍通行的办法就是发动和组织职工参与企业管理，实行企业职工民主管理制度。

在我国，企业班组实行班组长责任制与班组民主管理相结合的制度，把班组的行政管理与民主管理、专业管理、群众管理紧密结合起来，发挥每个职工当家做主的作用。

班组的职工民主管理形式，一是车间的职工大会（职代会），二是班组的职工民主会，三是车间班组的工会组织，四是工人自治小组，五是班组职工民主管理员（简称"工管员"）。其中，班组民主会、班组工会小组、班组工管员是当前我国企业的班组职工民主管理形式，其内涵如表1-5所示。

表1-5　我国当前的班组民主管理形式

班组民主管理形式	主要职责
班组民主会	班组民主管理的目的是充分发挥群体作用，保证完成各项任务。班组民主会可按月由工会小组长和职工代表组织召开，会议的内容是：贯彻和落实职工代表大会决议；讨论审议班组作业计划、承包方案和生产技术、管理、安全等措施；讨论通过本班组贯彻本厂规章制度的实施细则、经济责任制分配方案以及关系职工切身利益的问题；通过对本班组职工的奖惩建议；评议企业各级领导干部
班组工会小组	工会小组长在班组民主管理中要积极发挥作用，积极组织提供合理化建议、技术革新和劳动竞赛；发现和树立先进榜样，推广先进经验；组织开好班组民主会，搞好班组民主管理工作；做好班组政治思想工作，搞好安全生产的监督检查工作和生活互助工作等
班组工管员	工管员既是班组长的助手，又是班组职工民主管理的具体执行者。班组工管员主要由普通职工担任，按职责分工分别管理班组中各项事务，充分发挥职工群众管理企业和自我管理的作用，有利于培养和发挥职工的主人翁精神，调动职工生产经营的积极性，把班组工作做得更好

1.2.4.2　班组工管员

(1) 班组工管员及其职责。班组工管员通常有七类，俗称"七大员"，如表1-6所示。

表1-6　班组工管员及其职责

工管员	主要工作和职责
政治宣传员	安排班组的政治时事学习，检查学习情况，组织交流，记好学习记录；协助班组长掌握全班人员的思想、家庭、生活等情况，通过谈心等各种形式做好思想工作；对班组出现的好人好事，及时进行宣传表扬和报道，办好学习园地和黑板报；组织群众积极参加上级组织的有关政治学习和文娱体育活动
技术质量员	检查与督促全班职工严格执行技术操作规程和生产工艺流程，组织召开小组质量分析会；会同车间技术员、工艺员和专职检查员研究查明废品和不良品原因，制订改进措施，不断提高产品质量；做好记录，及时汇总、公布个人和班组每月质量指标完成情况；组织好全班业余技术学习和岗位练兵，开展技术革新活动

续表

工管员	主要工作和职责
设备安全员	经常进行设备维护保养和安全生产教育,严格执行安全操作规程,开展"三好"(管好、用好、修好)、"四会"(会使用、会保养、会检查、会排除故障)活动;根据机床换油卡,定期向车间润滑工提醒设备的换油,班前督促注油,班后督促擦拭设备,管好通用设备;搞好环境卫生,制止不按设备安全操作规程操作机床,开好设备和人身事故分析会;管好、用好劳动保护用品,记好设备台账
经济核算员	经常宣传增产节约的意义,人人树立当家理财的思想;认真组织全班开展"小指标"竞赛,协助班组长做好记分评奖工作;管好各项指标公布板和竞赛板;掌握各种物资的消耗情况和使用情况,按时搞好经济核算,公布核算结果,记好台账;负责积累班组、个人各项指标完成情况,协助班组长开好经济活动分析会
物料管理员	掌握材料、工具消耗指标,会同经济核算员做好消耗指标的核算;严格执行材料、工具领用和退库制度,并指导班组工人合理使用;检查班组人员专用工具的使用和保管情况,查明损坏工具的原因;组织分析材料、工具消耗指标超支原因,研究改进措施;记好工具、材料台账
考勤统计员	协助班组长和工会组长对班组成员进行劳动纪律教育,严格执行考勤制度;掌握本班组的出勤情况,准确及时填报考勤统计表;协助劳资部门做好定员、定额工作,研究制定提高出勤率和工时利用率的措施;协助班组长贯彻执行经济责任制,搞好班组工资奖励工作
生活福利员	经常进行家访,掌握职工家庭生活情况,协助搞好职工困难补助,并开展互助互济活动,管好班组互助储备金,搞好班组集体福利;配合医疗部门做好防病保健工作;帮助青年职工正确对待和处理恋爱、婚姻和家庭问题;搞好女工"五期"(经期、孕期、产期、哺乳期、更年期)保护

(2) 充分发挥班组工管员的作用。搞好班组建设,不仅要有一个坚强有力的班组核心和一个好的班组长做带头人,而且还要发动全班职工群众参加班组民主管理。设置班组工管员是实行班组民主管理的重要举措。班组要抓好如表1-7所示的各项工作,以便充分发挥工管员的作用,使其真正负起责任。

表1-7 班组工管员及其职责

班组应抓好的工作	具体要求
加强教育,不断增强工管员的责任感	使工管员对工人参加管理的意义和前景有一个正确的认识,激发他们的工作热情。领导要经常与工管员谈心,进行个别帮助,召开座谈会、经验交流会,帮助工管员提高认识和改进工作方法。要尊重工管员的职权,支持工管员的工作
明确任务,确定工管员的职权范围	工管员干什么,要发动全班组成员讨论确定,大家立规矩,并自觉遵守。确立工管员的职责,要与班组的规章制度结合起来,每设一种工管员,就要建立相应的管理制度。明确工管员的主要任务是贯彻执

续表

班组应抓好的工作	具体要求
明确任务，确定工管员的职权范围	行班组管理制度。同时还要为工管员创造条件，以便及时统计、汇总、上报或公布
耐心指导，认真培养，不断提高工管员的业务水平	专业管理部门要与工管员挂钩，运用各种形式培训工管员，进行业务上的指导和帮助，增强工管员的管理知识和业务知识。一些企业开展专业系统"一条龙"竞赛，定期评选和奖励优秀工管员，这对调动工管员的积极性、加强班组各项管理工作起到了显著的作用

(3) 努力做好工管员的工作。班组工管员明确自己的职责范围后，就要如表1-8所述那样做好工作，还要讲究工作方法。

表1-8　工管员做好工作的具体要求

项目	具体要求
工管员应如何做好工作	① 工作要有计划性。按照职责分工制定工作指导书，明确任务，制定措施，及时召开分析会，发动群众完成各个时期的工作任务 ② 要当好班组长的参谋和助手。要积极主动地协助班组长处理生产、工作、学习、生活中的一些问题 ③ 要努力钻研业务和管理知识，虚心向专业管理人员学习，不断提高自己的工作能力和业务水平 ④ 在专业管理人员的指导下，积极主动记好原始记录和台账，定期统计公布，为班组总结、评比、奖励、竞赛提供准确数据 ⑤ 要有强烈的责任心和事业心，工作不怕麻烦，不怕风言风语，以实事求是的精神和严细的作风做好本职工作和工管员职责工作，成为职工群众的表率

1.2.4.3　职工代表大会

职工代表大会（职代会）的职工代表，是以班组或工段为单位，由职工直接选举产生的。职工代表中应当有工人、技术人员、管理人员、领导干部和其他方面的职工。职工代表实行常任制，每两年改选一次，可以连选连任。职工代表对选举单位的职工负责。选举单位的职工有权监督或者撤换本单位的职工代表。

(1) 职工代表的权利。职工代表的权利主要体现在以下表1-9所列的两方面。

表1-9　职工代表的权利

项目	享有的具体权利
职工代表的权利	① 在职工代表大会上，有选举权、被选举权和表决权 ② 权参加职工代表大会及其工作机构对企业执行职工代表大会决议和提案落实情况的检查，有权参加对企业行政领导人员的质询；因参加职工代表大会组织的各项活动而占用生产或者工作时间，有权按照正常出勤享受应有的待遇
对职工代表行使民主权利，任何组织和个人不得压制、阻挠和打击报复	

(2) 职工代表的义务。职工代表的义务如表1-10所列，主要包括：

表1-10　职工代表的义务

项目	应尽的义务
职工代表的义务	① 努力学习党和国家的方针、政策、法律、法规，不断提高政治觉悟、技术水平和参与管理的能力 ② 密切联系群众，代表职工合法利益，如实反映职工群众的意见和要求，认真执行职工代表大会的决议，做好职工代表大会交给的各项工作 ③ 模范遵守国家的法律、法规和企业的规章制度、劳动纪律，做好本职工作

1.2.4.4. 职工的权利和义务

(1) 职工的权利。职工的权利见表1-11。

表1-11　职工的权利

项目	享有的具体权利
职工的权利	① 职工有领取报酬和在法定时间内获得休息、休假和参加文化娱乐、体育活动的权利；女职工有按国家规定享受特殊保护的权利 ② 职工有向上级领导机关反映真实情况，对各级领导人员提出建议、批评、控告的权利 ③ 职工的合法权益受到侵犯时，有向有关主管机关提出控告，或为自己进行辩护和申诉的权利 ④ 在国家规定范围内，职工有要求在劳动中保证安全和健康的权利 ⑤ 职工有按照生产、工作需要获得职业培训的权利 ⑥ 职工有进行科学研究、发明创造、技术革新和提出合理化建议的权利 ⑦ 职工在年老、疾病或丧失劳动能力时，有按照国家规定享受退休、离休、退职的福利待遇和获得物质帮助的权利

(2) 职工的义务。职工的义务见表1-12。

表1-12　职工的义务

项目	应尽的义务
职工的义务	① 员工要以国家主人翁的态度对待自己的劳动，服从领导，听指挥，自觉地完成生产和工作任务 ② 职工要爱护企业的各种设备和设施，节约使用原材料、能源和资金，敢于同浪费国家资源、破坏和侵占国家财产的行为做斗争 ③ 职工必须遵守安全操作规程、劳动纪律和其他规章制度 ④ 职工要努力学习，不断提高政治、文化技术水平，熟练掌握业务本领 ⑤ 职工必须遵守保密制度，保守国家的机密

(3) 职工守则

> 职工守则
> ① 热爱祖国，热爱共产党，热爱社会主义。
> ② 热爱集体，勤俭节约，爱护公物，积极参加管理。
> ③ 热爱本职，学赶先进，提高质量，讲究效率。
> ④ 努力学习，提高政治、文化、科技、业务水平。
> ⑤ 遵纪守法，廉洁奉公，严格执行规章制度。
> ⑥ 关心同志，尊师爱徒，和睦家庭，团结邻里。
> ⑦ 文明礼貌，整洁卫生，讲究社会公德。
> ⑧ 扶植正气，抵制歪风，拒腐蚀，永不沾。

车间班组建设一定要建立以行政班组长、工会组长、党小组长、团小组长和班组骨干为核心的班组领导小组或核心小组。一个坚强有力的班组核心小组，其成员思想好、技术高、能力强、干劲大、会管理，能严于律己、以身作则，事事起模范作用，做到思想工作做在前，生产任务干在前，艰巨工作抢在前，执行制度走在前，关心群众想在前，互相关心、互相帮助、取长补短、共同提高，就能调动班组所有人员的积极性，形成一个能打硬仗的无坚不摧的战斗集体，成为企业发展的坚强堡垒。

【案例1-3】 ××集团"十星"级班组管理

××集团"十星"级班组管理办法的核心内容是实施十项管理标准达标：① 生产任务达标；② 组织建设达标；③ 班务公开达标；④ 劳动纪律达标；⑤ 质量认证记录达标；⑥ 思想政治工作达标；⑦ 安全生产达标；⑧ 动态管理达标；⑨ 现场管理达标；⑩ 小改小革达标。这十项标准，每项为一"星"，班组和员工的工作达标，可挂一星，否则不挂星。挂星多少反映班组管理的优劣和员工的德、能、勤、绩。依据挂星多少兑现奖罚，使管理制度与激励机制有机地结合起来，以公平、公正、公开的激励机制，促进管理水平和职工基本素质、技术能力的提高，完善班组和员工的工作质量，达到提高企业经济效益的目的。

这十项标准，从不同角度保证了班组和职工的工作质量。

① 生产任务达标，是用量化方法控制了产成品完成的数量、质量，严格控制生产成本，降低生产过程的非合理消耗，达到优质、高产、低耗的工作目标。

② 组织建设达标，是通过班组的合理、适宜、高效的管理人员设置，在组织上保证效益目标的完成。

③ 班务公开达标，是加强民主管理、民主监督，促进企业自我完善，自我约束，激发职工主人翁精神的发挥。

④ 劳动纪律达标，是规范员工行为准则，目的是提高员工遵守纪律的自觉性。

⑤ 质量认证记录达标，是强化管理的基础工作，目的是使管理基础规范化。

⑥ 思想政治工作达标，是发挥特色，达到弘扬集体精神、团队意识、遵纪守法、互相关心、共同进步的目的。

⑦ 安全生产达标，是保护职工的安全，维护职工的基本权益。

⑧ 动态管理达标，是通过严格执行标准达标考核，做好考核事项记录，每天在班后会中公布当日考核结果，每周填写一项职工动态管理卡，以考核结果上墙公布的形式，达到公开、公正、公平考核每一个成员的目的。

⑨ 现场管理达标，是考核工作和学习环境，创造文明、整洁、卫生的工作和学习氛围。

⑩ 小改小革达标，是鼓励和敦促职工在工作中不断有所创新，促进生产和企业管理进步。

这十项标准，涵盖了班组管理的全过程。

1.3 班组长的职责和权限

➢ 1.3.1 班组长在企业中扮演何等角色？

> 班组长是指在车间生产现场，直接管辖若干名（一般不超过20名）生产作业职工，并对其生产结果负责的人。班组长既是直接参加生产的工人，又是班组生产活动的组织者和指挥者。

班组长的使命是为实现企业的生产经营目标而根据本班组现有的条件，优质高效地完成车间下达的生产经营任务或业务。班组长的工作是对将生产资源投入生产而生产出产品（服务）的过程的管理，其任务包括对班组人员的领导监督和对班组生产活动的组织指挥，保证按质、按量、按期完成生产作业计划。概括起来包括四个方面：一是提高产品质量，二是提高生产效率，三是降低成本，四是防止工伤和重大事故。

班组长按不同的角度，扮演着不同的角色，如表1-13所示。

表1-13 班组长扮演的角色

观察角度	扮演的角色
对于企业来说	班组长是基层的管理员，直接管理着生产作业人员，是产品质量、成本、交货期等指标最直接的责任者
对于车间来说	班组长是车间主任命令、决定的贯彻者和执行者，是企业精神的传播者，又是车间领导与班组职工的沟通者
对于班组职工来说	班组长是本班组职工的直接领导者和生产作业指导者，并对本班组职工的作业能力和作业成果做出评价
对于其他班组长来说	相互之间是同事关系，是工作上的协作配合者，又是职位升迁的竞争者

班组是企业组织生产经营活动的基本单位，是企业最基层的生产管理组织，班组长就是企业中最基层的负责人。班组管理是指为完成班组生产任务而必须做好的各项管理活动，即充分发挥全班组人员的主观能动性和生产积极性，团结协作，合理地组织人力、物力，充分利用各方面信息，使班组生产均衡有效地进行，最终做到按质、按量、按期地完成上级下达的各项生产计划指标。在实际工作中，经营层的决策做得再好，如果没有班组长的有力支持和密切配合，没有一批领导得力的班组长来组织开展工作，那么经营层的决策就很难落实。班组长有着如表1-14所示的三个重要作用。

表1-14 班组长的重要作用

重要作用	具体内涵
班组长的表现影响企业决策的实施	班组长对企业和车间决策的态度及其实际工作表现，直接影响着企业目标最终能否实现，因为决策再好，如果执行者不得力，决策也很难落到实处
班组长是承上启下的桥梁	班组长既是企业和车间领导命令的传达者，又是职工联系领导的纽带，班组长的思想和情绪，直接影响职工的思想和情绪，在很大程度上决定着能否上下齐心协力为实现企业的生产经营目标去奋斗
班组长是企业生产的直接组织和参与者	班组长既是生产技术骨干，又是业务上的行家里手，他的态度和行动直接影响和决定着班组与车间能否按质、按量、按期完成生产经营任务，从而影响企业的生产经营成果

▶ 1.3.2 班组长有哪些职责与权限？

1.3.2.1 班组长的工作

班组长的工作主要有如表1-15所示的几项。

表1-15 班组长的主要工作

项目	具体内容
班组长的主要工作	① 做好思想政治工作，教育职工坚持四项基本原则，贯彻执行党和国家的方针、政策和法令，遵守社会公德和职业道德，做有理想、有道德、有文化、守纪律的新工人 ② 组织讨论生产计划或承包任务，积极总结、推广先进经验，大力开展技术革新和合理化建议活动，保证全面均衡地完成作业计划和承包任务 ③ 组织班组人员积极参加政治、文化、技术、业务学习，大力开展岗位练兵和互帮互教活动，不断提高全班组成员的思想素质和业务水平 ④ 加强班组管理，以岗位责任制为中心，以质量管理为重点，建立健全各项管理制度，不断提高班组科学管理和民主管理水平 ⑤ 搞好职工劳动竞赛，积极开展比、学、赶、帮、超活动和其他有益的竞赛活动 ⑥ 精心维护和保养设备，认真执行劳动保护法规和操作规程，保持生产现场整洁，做好劳动保护和环境保护工作，搞好安全技术教育，努力做到安全生产和文明生产 ⑦ 关心班组人员的健康和生活，搞好互助互济，开展各种有益的文体活动

1.3.2.2 班组长的职责与权限

(1) 班组长的职责。班组长的职责是：按照企业经营目标的要求，根据车间主任的指令，做好本班组的生产、经营和管理的组织工作，确保完成各项生产技术指标和工作任务。具体地说，班组长的职责主要包括表1-16所列内容。

表1-16 班组长的职责

项目	具体内容
班组长的职责	① 亲自参与和发动骨干做好班组职工的思想政治工作 ② 组织全班组完成企业或车间下达的各项生产计划及工作任务，努力实现安全生产 ③ 组织好劳动竞赛和岗位技术培训，大力表扬好人好事，树立先进典型 ④ 严格执行工艺规程，不断提高产品质量，努力降低产品成本 ⑤ 抓好劳动纪律，搞好考勤，贯彻经济承包责任制 ⑥ 组织、指导"工管员"开展班组民主管理工作，检查、督促正确、及时地填写各种原始记录 ⑦ 组织开好班组核心会、班前班后会和民主生活会

(2) 班组长的权限。班组长在对企业负责的前提下，享有如表1-17所列的权限。

表1-17 班组长的权限

项目	具体内容
班组长的权限	① 在有利于生产（工作）的前提下，允许合理分配工人工作和调整本班组的劳动组织 ② 工艺文件不齐全、工艺装备和主要原材料不符合工艺设计要求、没有使用说明书或合格证时，有权拒绝加工 ③ 发现设备运转不正常，影响产品质量或威胁工人人身安全时，有权停止设备运转 ④ 对班组工人在生产（工作）中有突出成绩者，有权建议上级给予奖励；班组工人发生重大事故造成严重经济损失，或违法乱纪、不遵守规章制度，有权建议上级给予处分 ⑤ 在工人技术（业务）考核、晋级等工作中有组织评议和建议权 ⑥ 对在生产（工作）中严重失职的行政管理人员，有权提出批评或向上级反映情况 ⑦ 对工厂和车间不符合实际情况的规章制度，有权建议取消或修改 ⑧ 有权维护班组职工的合法权益

【案例1-4】 某新能源开发有限公司班组长岗位职责

① 熟练掌握站内各种设备和设施的工艺和检修；能组织本班组人员独立完成本班工作，并能判断和处理各种突发设备故障及事故。

② 负责本班组工作任务的完成，并负责贯彻、检查各项制度的落实；如实填写生产运行记录，做到各种记录数据准确齐全、书写工整。

③ 负责每班的班前安全教育，检查劳动保护的穿戴，认真做好安全活动记录。认真执行安全、防火巡回检查制度，发现问题按有关规定处理和上报并做好记录。

④ 负责带领职工对设备进行维护保养，定期对设备进行排污，严格执行操作规程及工艺指标，保证安全生产。

⑤ 严格执行安全操作规程；对车辆充装前严格检查；负责与核算员进行当班的气量及结算。

⑥ 服从站长领导，对违犯有关制度的职工提出批评或处理意见。

⑦ 严格执行和遵守劳动纪律，认真完成交接班工作，认真填写交接班记录。

⑧ 能熟练使用灭火器材，熟记火警和公司主管领导的电话号码；组织当班人员进行应急处理。

⑨ 负责组织做好本班的设备清洁工作和环境卫生。

⑩ 随时完成站长交办的各项工作。

▶ 1.3.3 什么是班组长的岗位规范？

班组长是企业最基层的管理人员，他们的管理职能主要是执行，即对公司的生产计划进行分解与实施，这是企业完成生产任务、提升经济效益的基础。必须从规范班组长自身行为做起，来规范内部其他成员的行为。

1.3.3.1 什么是岗位规范

> 岗位规范也叫职务说明书,就是从企业经营系统的整体出发,科学地落实岗位职责,使岗位任职人员明确"干什么""怎么干""什么时间干""按什么程序干"和"干到什么程度",从而使其能做到按程序、按要求、按时间、按标准、按指令操作。

"五按"是岗位工作规范的基本内容;"五干"则是制定岗位工作具体规范的基本思路和依据。

规范工作强调对人在工作中的行为实行强化管理。"五按"与"五干"就是要求岗位任职人员在生产经营中的行为程序化、标准化和规范化,其实施具有客观必要性和重要的现实意义。实行岗位规范化操作是现代化大生产的客观要求,是实现公平竞争的需要,也是提高劳动生产率的途径。

1.3.3.2 班组长岗位规范的内容

班组长的岗位规范包括如表1-18所示的基本内容。

表1-18 班组长的岗位规范

项目	具体内容
班组长的岗位规范	① 该岗位的工作职责,即应该干什么 ② 每项工作的操作方法,即应该怎样干 ③ 每项工作的程序,即按什么顺序干 ④ 所有工作的时间安排,即在什么时间干 ⑤ 执行考核的细则,即干到什么程度

上述内容的实质就是规范的具体化。

1.3.3.3 岗位规范的调整

各岗位的规范虽然都是运用科学的程序和方法制定出来的,但是并不意味着绝对不可变更,岗位操作规范应与生产实际相适应,做出某些调整。

(1)临时性调整

生产中出现某些特殊情况,发生突然事故时,为使各岗位能协调有序地工作,必须进行临时性调整。

(2)定期调整

这是企业为了保证岗位规范的先进性、科学性、系统性和实用性而主动进行的调整,一般是每隔1~2年,组织专人对岗位规范进行一次修订,并组织岗位人员进行学习、培训和试行，以便不断地提高劳动生产率。

【案例1-5】 某机械制造有限公司××车间压铸班班长职务说明书

职责	权限	绩效	入职要求

一、职位标识信息

职位名称：操作班长　　　隶属部门：××车间
职位编码：　　　　　　　直接上级：车间主任
工资等级：　　　　　　　直接下级：操作工
兼任职情况：全职或兼职

二、职位工作概述

负责班组的管理工作

三、工作职责　　　包括但不限于以下工作

及时　认真　准确　高效

1. 负责日常派工，督导工人完成车间下达的生产作业计划
2. 检查、监督所在班组的生产进度及工艺纪律检查
3. 负责当班模具安装及调试工作，填写模具履历卡
4. 排除设备常见故障，对班组的设备保养维护负责
5. 负责检查当班人员的交接班情况，夜班产品的首检和巡检记录
6. 处理当班发生的生产、质量等问题
7. 负责夜班的产品首检确认及巡检工作
8. 对班组的安全生产和现场工作环境负责
9. 负责班组工人的技能指导和训练
10. 具有团队精神，配合其他班组的工作

四、工作绩效标准

1. 完成车间下达的生产作业计划达100%
2. 产品质量达到95%
3. 班组材料消耗率≤3%
4. 故障停机率≤2%

以上只是纲要，公间将提供《年度绩效考核办法》，双为沟通认同后执行

五、职位工作权限　　　包括并只限于以下权限

1. 对班组工人有任务分配权和岗位调动权，对上级领导有监督建议权
2. 对班组工人有调薪、奖励、处罚、考核、增补、撤换、辞退建议权
3. 对工人换体有3天以内的批准权，请假有0.5天的批准权，超过范围者有审核否决权
4. 对班组所需要的物料及外协工作有申请权和建议权

六、职位工作关系

1. 监督：对员工的监督
2. 被监督：接受车间主任的监督

续表

职责	权限	绩效	入职要求
七、基本知识要求			
1. 管理知识	ISO9000（质量管理体系）、OHSAS18000（职业安全）、5S（现场管理）		
2. 专业知识	具有操作基础理论知识，了解操作设备、模具、材料和产品性能		
3. 法律知识	熟悉并能应用《中华人民共和国劳动法》《环境/职业健康安全法律法规》		
4. 财务知识	成本管理与核算常识		
八、职位技能要求			
1. 演讲口才	说：应具备一定的口头沟通能力		
2. 文字组织	写：会写简单的总结和汇报		
3. 现场管理	具有现场生产管理基础知识和能力		
4. 计划能力	能较好地编排班组作业计划，合理安排派工，有效控制作业进度		
5. 操作技能	熟练的操作技能，设备使用和维护保养技能，模具的安装和调试技能		
6. 执行能力	较强的执行能力，办事果断，善于请示和汇报		
九、教育水平和工作经验要求			
初中（包括初中）以上，相关工作经验1年（包括1年）以上			
十、其他素质要求			
年龄：20～50周岁 性别：男性（工作环境及劳动强度不适合女性） 性格：开朗，应具备较强的沟通能力 健康：符合公司员工体检合格的标准 属性：中华人民共和国境内合法公民			
十一、签署			
任职者声明： 我对以上内容已经充分理解和接受。 任职者签名：		直接上级声明： 我对就职者的能力与意识已进行了确认。 直接上级签名：	
十二、档案资料		注：以下由人力资源部填写	
岗位技能等级：_____以上批准执行起始日期：____年____月____日 修订日期记录：____年____月____日 第____次修订 档案管理记录人签名/日期：_____ 备注：_____ _____ _____			受控章：

第2章 班组的生产管理与技术管理

2.1 班组生产管理概述

2.1.1 何谓生产?

生产是社会生活中最为普遍的活动,生产一般是指将一系列的输入按照特定的要求转化为某种输出的过程。这是一个增值的过程,通过物态、功能和价值的转化而实现增值。生产管理是研究和提高生产过程的有效性和效率。

科学技术的进步和社会的发展,使得现代生产的概念逐渐扩展为既包括有形产品的生产,又包括提供劳务、知识及信息等无形产品的活动。

2.1.2 现代生产有哪些特点?

现代生产不仅追求低成本、高效率,更强调多品种、适应性和对市场变化反应的迅速敏捷。企业的生产必须是一个增值的过程,如果企业生产的产品不能满足市场的需求,不能实现其商品价值,其生产不仅没有意义,甚至是一种浪费和破坏。现代企业面对的生产环境如表2-1所示。

表2-1 现代企业面对的生产环境

现代企业面对的生产环境	生产环境特征
企业面对的市场是一个买方市场	买方市场的特征在于,消费者是起支配作用的一方,生产者必须根据消费者的需求来安排生产,提供消费者所需要的产品,否则企业的生产将无法获得效益
企业提供的产品其寿命周期变短	由于市场的激烈竞争,企业都在努力将自己的产品在越来越短的时间内推向市场,所以产品的再设计在不断发生,产品在市场的有效寿命常常遇到融入最新设计特征的改进品种的冲击,生产难以期望有一个若干年稳定的高需求量

续表

现代企业面对的生产环境	生产环境特征
企业生产应用的技术在不断更新	科学技术成果转化为生产力的速度在不断地加快，形成了工业产品的更新换代正以前所未有的速度向前发展

现代企业生产所处的新环境，形成了生产市场导向化、生产柔性化、产品独创化、经营多角化的现代生产形式和特点。

▷ 2.1.3　何谓生产管理？

生产管理是以企业内部生产活动为中心、以提高效率为目标的执行性管理活动，是现代企业管理大系统中处于重要地位的子系统之一。其定义有广义与狭义之分。

广义的生产管理是指对生产活动进行计划、组织和控制，以保证能高效、低耗、灵活、准时地生产合格的产品和提供顾客满意的服务，也就是指与产品制造或服务提供密切相关的各个方面管理活动的总称。

生产作为一个有效的转化过程，其系统如图2-1所示。生产管理系统就是对生产系统的输入、转换、输出和反馈进行科学的计划、组织和控制，以达到生产目的的管理活动系统。现代有效的生产管理，应该使生产系统不仅是一个单纯的产品输出系统，而且是一个自行完善的系统，即在完成转化之后在得到有效输出的同时，还应该得到有用的经验和更好的方法，使之成为学习型的系统。

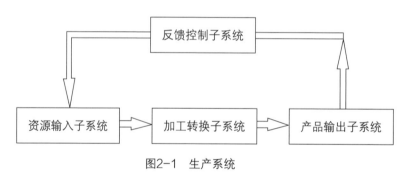

图2-1　生产系统

狭义的生产管理是指以生产产品或提供服务的过程为对象的管理，如生产技术准备、生产过程组织、生产计划、生产作业计划、生产调度、生产进度控制等。本章主要介绍狭义生产管理的内容。

▷ 2.1.4　班组生产管理的内容有哪些？

生产管理作为现代企业管理系统中的一个子系统，与经营管理、技术管理、销售管理等其他子系统有着密切的、相辅相成的关系。生产管理主要是保证和维持企业的生产活动与企业内部的人力、材料、设备、资金和信息等资源的静态与动态的平衡，充分利用企业内部的条件，按要求、按计划、最经济地完成生产的转化。班组生产管理的内容，按其概念可概括为五项工作，如表2-2所示。

表2-2 班组生产管理的内容

班组生产管理工作	具体工作内容
计划管理	根据预测和经营计划制订生产计划和生产作业计划。如确定产品的品种、产量、质量、产值计划；生产进度计划；具体的生产作业计划以及实现计划所需的资源计划等
生产准备	包括工艺技术方面的准备、人力的准备、物料和能源的准备、设备及运输的准备等。这些准备工作是正常生产活动所必需的基本条件
生产组织	进行生产过程与劳动过程的组织。解决产品生产过程各阶段、各工序间在空间和时间上的衔接协调；在此基础上正确处理劳动者之间、劳动者与劳动工具、劳动对象之间的关系。它们既要保持相对稳定，又要适应市场需求变化
生产控制	围绕完成生产计划任务，对生产过程实行的全面控制，包括对生产作业进度、产品质量、物资消耗、成本、资金占用和设备运行等各方面的控制
现场管理	对从事产品生产、加工有关活动的场所进行现场调度、质量分析、安全监督等，使生产活动有秩序、按计划地进行。现场管理是生产控制的重要手段，是收集反馈信息的重要来源

➢ 2.1.5 班组生产管理的任务有哪些？

班组生产管理的基本任务，就是通过计划、组织、控制等管理功能对生产系统进行有效的管理，根据生产过程的要求，把生产过程的人力、材料、设备、资金和信息等要素进行有机的、最佳的整合，经济、合理、按时地生产出顾客满意、适销对路的产品，满足社会的需求和获取企业发展所需的经济效益。其主要包括三个方面，如表2-3所示。

表2-3 班组生产管理的任务

生产管理的任务	具体工作
按需生产	根据市场需求和订货合同制订计划和组织生产，保质、保量、按期提供用户所需的产品和服务
均衡生产	按照生产计划规定的进度，使各个环节和各个工序均衡生产，以建立正常、高效的生产秩序，提高设备利用率和工时利用率，降低消耗，减少在制品占用，加速资金周转，提高经济效益

续表

生产管理的任务	具体工作
安全文明生产	建立各项科学合理的生产管理制度和良好的生产秩序,做到文明生产、安全生产,保证生产过程顺利进行

简而言之,班组生产管理的主要任务,就是使产品的质量、生产成本和交货期达到企业的预期目标。这是衡量企业生产管理成效的三大指标。

生产管理是班组管理工作的重头戏,它直接关系到生产任务的落实、产品质量的保证、生产流程的贯通、经济效益的创造以及企业经营目标的实现。班组生产管理工作主要有:分解生产计划,进行生产调度,实施现场管理、5S管理、看板管理,进行工艺管理等。

➢ 2.1.6 班组如何组织生产过程?

生产过程是企业最基本的活动过程,生产过程组织是企业生产管理的重要内容,是研究企业怎样从空间和时间上合理地组织产品生产,使投入的人力、材料、设备、资金和信息等各种生产要素有机地结合起来,形成一个协调系统,使产品运行距离最短、花费时间最少、耗费成本最省,从而获得最好的经济效益。

2.1.6.1 生产过程及其构成

(1) 生产过程的概念

> 任何一个工业产品的生产都必须经历一定的生产过程。一般来讲,生产过程是人们对社会经济资源不断加工,使其转换成为社会所需资源(产品或劳务)的过程,是一系列劳动过程和自然过程相结合的全部过程。生产过程的概念有广义及狭义之分,广义的生产过程是指从生产准备开始,直到把产品加工出来为止的全部过程;狭义的生产过程是指从原材料投入生产开始,直到产品加工出来为止的全部过程。

(2) 生产过程的构成。由于企业的专业化水平和技术条件以及生产性质和产品特点各不相同,生产过程的具体构成会存在较大的差异,根据生产过程各阶段对产品所起的作用,一般由四个部分构成,如表2-4所示。

表2-4 生产过程的构成

生产过程的构成	具体工作内容
生产技术准备过程	产品投入生产前所进行的各种生产技术准备工作,如产品设计、工艺设计、标准化工作、定额工作、设备布置、新产品试制和工人的培训等

续表

生产过程的构成	具体工作内容
基本生产过程	直接对劳动对象进行加工处理,把劳动对象变成基本产品所进行的生产活动,如机械制造企业的铸锻、机械加工、装配,轻纺企业的纺织、织布等
辅助生产过程	为保证基本生产过程的正常进行所提供的各种辅助产品和劳务的生产过程,如生产所需动力的供应、工具和刀具的制作、设备的维修、水质的处理等
生产服务过程	为基本生产和辅助生产提供的生产服务活动,如原材料、半成品、外协件的供应、运输、储存、检验等

以上是构成生产过程的四个子过程,它们之间有着密切的联系,基本生产过程是主体,其他过程是都围绕基本生产过程进行。基本生产过程又由若干工艺过程组成,而每个工艺过程又可详细划分为若干工序。工序是组成生产过程的基本单位。

2.1.6.2 合理组织生产过程的要求

不同的企业其生产过程也不相同,但任何产品的生产都是由一定人员、设备,按一定的工艺进行加工的,任何生产过程都要求各要素得到合理的组织,使生产过程始终处于最佳状态。合理组织生产过程是指把生产过程从空间和时间上很好地结合起来,使产品以最短的路线、最快的速度通过生产过程的各个阶段,并且使人力、物力和财力得到充分利用,达到高产、优质、低消耗的要求。这是保证企业获得良好经济效益的前提。合理组织生产过程应考虑以下五方面的要求,如表2-5所示。

表2-5 合理组织生产过程的要求

生产过程的要求	要求的具体内涵
过程的连续性	产品在生产过程各阶段、各工序之间的流动在时间上紧密衔接,形成一个连续不断的生产过程
过程的比例性	生产过程中的各个生产阶段和各工序之间在生产能力上保持适当的比例关系
过程的平行性	生产过程的相关阶段、相关工序尽可能实行平行作业。充分利用时间和空间
过程的均衡性	产品在生产过程的各个阶段,在相同的时间间隔内大致生产相同的数量或递增数量,使各个工作地的负荷保持均衡
过程的适应性	生产过程对市场需求的适应性,就是生产过程能在短时间内,以最少的资源消耗,从一种产品的生产转换为另一种产品的生产

以上各项要求是相互关联、相互制约的。对不同的企业以及企业在不同的条件下，各有不同的指导意义，企业应根据自身的实际情况加以综合应用，合理地组织生产过程，以求得系统的整体效益。

2.1.6.3 生产过程的空间组织和时间组织

企业产品的生产过程，既要占用一定的空间，又要经历一定的时间。合理组织生产过程，就需要将生产过程的空间组织与时间组织有机地结合起来，充分发挥它们的综合效率。

生产过程的空间组织及其原则如图2-2所示。

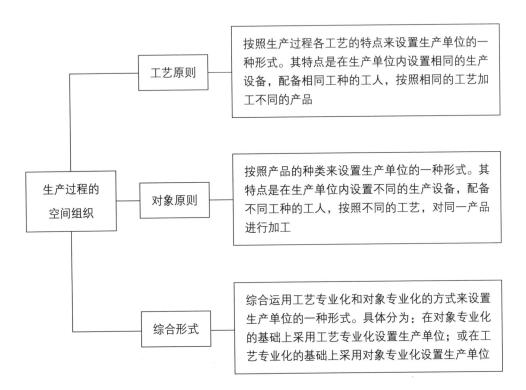

图2-2　生产过程的空间组织及其原则

采用何种空间组织形式，应根据企业的生产类型、具体生产技术条件、产品的结构及工艺复杂程度、企业的专业发展方向等因素确定。

科学合理地组织生产过程，不仅要对企业内部各生产单位在空间上进行有效的组织，而且要对加工对象在不同车间和不同工序之间从时间上进行有效的控制，以提高产品在生产过程的连续性和平行性，实现有节奏地生产，缩短生产周期，提高劳动生产率和设备利用率。生产过程时间组织的方式如图2-3所示。

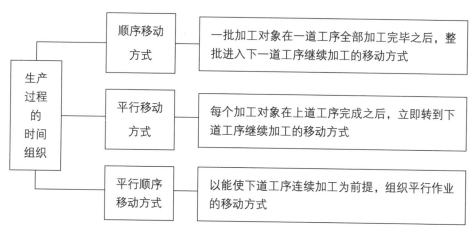

图2-3 生产过程时间组织的方式

从以上三种移动方式的特点比较来看，各有优缺点。从加工周期来看，平行移动方式、平行顺序移动方式较好；从组织工作来看，顺序移动方式较简单，平行顺序移动方式的管理难度大，最复杂。企业应根据其生产特点、生产过程的空间组织形式等因素来进行选用。

流水生产线是另一种重要的生产组织方式，其生产特征及其控制如图2-4所示。

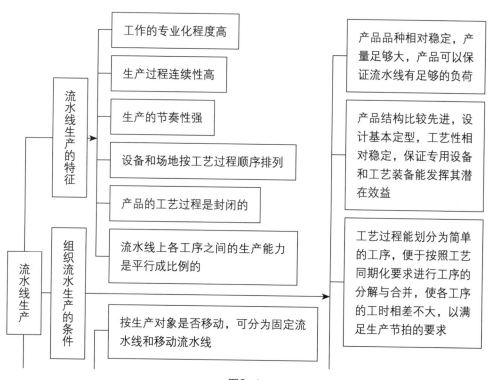

图2-4

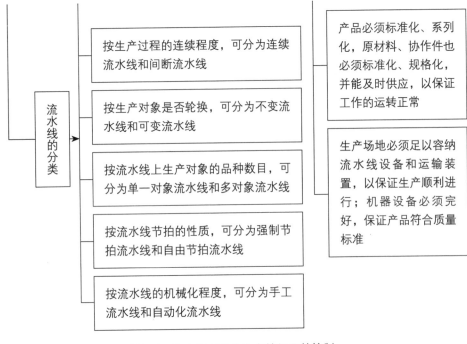

图2-4 流水生产线的生产特征及其控制

2.2 班组的生产计划与控制

➤ 2.2.1 何谓班组生产计划?

班组生产计划是车间根据企业在计划期内下达给班组的应完成的具体产品的生产任务和进度计划。它具体规定了班组在计划期内应完成的产品品种、质量、产量、产值、利润和进度等指标。

➤ 2.2.2 班组生产计划安排应遵循什么原则?

班组生产计划安排应遵循最优化原则。

> 所谓生产计划安排最优化,是指在一定的资源条件下,对生产进行合理安排,求得最佳经济效益。生产计划安排最优化包括班组生产各产品的产量最优配合和计划安排的动态最优化,也就是班组根据企业给予的有限

资源，既要寻求生产数量满足成本与利润指标的要求，又要使生产成本与存货成本最少而设备负荷率最大。

2.2.3 班组如何执行和控制生产计划？

班组生产计划的执行与控制是班组生产计划管理工作的主体，具体有以下几方面的工作。

① 通过生产作业计划将生产计划指标分解落实；

② 通过考核制度、经济核算制度和计量工作制度，科学、客观、全面地对班组的生产计划执行情况进行监督和控制，及时发现问题，采取措施纠正偏差，确保班组生产计划的全面完成；

③ 计划期结束后对生产计划进行重新评价和整理，总结经验，修正错误，并使生产计划更加标准化、规范化，为下一期计划的制订与执行提供依据。班组生产计划的执行与控制主要是通过生产作业控制来实现的。

生产作业控制是指在生产作业计划执行过程中，对有关产品生产的数量和进度方面的控制。它主要包括投产前控制、生产过程控制和生产调度工作等几项内容，如表2-6所示。

表2-6 生产作业控制的内容

生产作业控制的内容	释义
投产前控制	投产前控制是指投产前的生产准备工作，包括原材料及其他物资的准备情况、生产设备的准备情况、劳动力的准备情况、技术文件的准备情况。将这些工作逐项落实才能投产
生产过程控制	生产过程控制是指对原材料投入生产到制成品入库为止的全过程进行的控制，包括生产进度的时间控制和生产进度的数量控制
生产调度工作	生产调度是班组对各个生产环节、日常生产活动所需的人、财、物进行合理调配、全面检查和指导，组织并落实生产作业计划的工作

【案例2-1】 某轴承厂磨加工车间磨工二班生产作业进度的控制技巧

某轴承厂磨加工车间磨工二班通过多年的努力，认真摸索生产管理经验，探索出一整套生产作业进度的控制技巧。

(1) 应急计划

在很多情况下，生产不能正常进行的原因是由于出现了事先没有想到的异常情况或突发事件。因此，班组必须制订在紧急情况下（如火灾、工伤、停电、停水、关键设备故障、质量事故等）的应急计划，以便发生应急情况时迅速采取措施，消除或减少对生产作业进度的影响。

(2) 过程监控

生产现场设置生产作业进度控制表（见表2-7）。班组长应按看管周期（2小时）定期检查生产作业进度，进行必要的临时性调整，不能解决时应报告车间主任或调度员。

表2-7　生产作业进度控制表

机床编号	姓名	产品	工序	当班计划产量	8:00~10:00		10:00~12:00		14:00~16:00		16:00~18:00		当班任务实际完成时间	异常记录
					计划	实际	计划	实际	计划	实际	计划	实际		

(3) 快速反应

当发现生产不能正常进行时，车间和班组应迅速与相关部门协调，立即采取措施（如对偶发性的设备故障组织抢修，或对任务重新调整安排等），尽快使生产恢复正常。

(4) 弥补挽救

对停产期间所造成的时间损失，应通过各种方法进行弥补，以确保进度要求。短期产能调整可参考表2-8的方法。

表2-8　短期产能调整方法

调整方法	需求状况		调整方法	需求状况	
	低于产能	高于产能		低于产能	高于产能
作业外包	部分作业外包	外包收回	调整机器工作时间	延长开机时间	减少开机时间
调整工作时间	加班或多班轮班	减少加班	人员培训	示范训练	多能工培训
增减临时工	增加临时工	减少临时工			

(5) 差额追踪

产品转序交接或交库时，应依据生产计划清点数量。接收数量如与计划数量不符，应追究原因。接收数量如少于计划数，则还应对差额实施追踪。产品差额追踪单的格式见表2-9。

表2-9　某轴承厂磨加工车间磨工二班产品差额追踪单

前道工序		接收工序		
产品图号	生产计划编号	计划数量	实际数量	差额数量
要求完成日期		接收人签字		年　月　日
追踪记录				
	实际完成日期：	数量：	追踪人签字：	年　月　日

(6) 责任分析

应对导致停产或工作不能正常进行的原因及责任进行分析，采取纠正措施，并实施追踪检查，直至导致停产或工作延误的原因彻底消除，目的是使类似问题以后不再重复发生。表2-10为停产/工作延误原因及责任分析单的参考格式。

表2-10　停产/工作延误原因及责任分析单

填报部门			填报人		年　月　日	
延误原因：						
延误时间	小时	分钟	责任部门		责任人	
追踪记录						
				追踪人：	年　月　日	

(7) 绩效考核

通过考核可以增强各部门和各级人员的责任心，并促使持续改进。班组的考核应紧紧围绕生产现场的任务和目标进行，考核项目的设置一般有：质量、成本、交货期、环境、安全、士气和改善项目及其效果等。实践证明，通过考核的方法可使生产计划完成准期率明显提高。

(8) 创新改善

班组应不断对生产作业进度控制的过程及其效果进行分析和总结，对管理方法和作业方法实施创新和改善，逐步提高生产计划的完成准期率。

2.2.4 班组生产调度的任务、内容和方法有哪些？

2.2.4.1 生产调度工作的任务与作用

生产调度工作的任务与作用如表2-11所示。

表2-11 生产调度工作的任务与作用

生产调度工作	具体内容
调度工作的任务	调度工作的任务是以生产作业计划为依据，合理组织、调配班组的人员和设备，开展日常生产活动，检查、掌握计划的执行情况，及时处理生产过程中已发现的或可能发生的问题，不断地维持生产过程中各个环节的均衡进行，使生产计划得以实施
调度工作的作用	由于企业的产品实现过程是一个由许多过程组成的网络状系统，其影响因素多且经常变化，所以生产作业计划在实施中会遇到各种不可预知的问题，干扰着生产作业计划的实施。生产调度的作用正是不断地清除干扰，克服各种由此产生的不平衡现象，使生产过程中的各个环节和各个方面能相互协调，保证各生产作业计划的完成
生产调度单	班级长或生产调度员按生产计划下发生产调度单，将生产任务合理地安排到个人，做到调度有序，实现全面均衡有节奏地生产。生产调度单应注明零件名称、数量、工时定额、操作者、派单人、派单时间等，连同零件图样一同交付操作者。生产调度单既是任务书，也是相关管理人员统计、检查生产进度的依据

2.2.4.2 生产调度工作的内容

① 及时准确地将管理层有关生产的指令、调度命令及调度通知传达到相关的车间、作业班组，并协助贯彻执行。

② 检查生产作业计划的执行情况：检查前一天的生产完成情况，了解当天的生产进度，做好次日的生产安排，在企业被称作"一天三调度"。对检查中发现的问题应立即分析原因，采取措施尽快解决。

③ 检查生产准备工作：督促并协助各车间、作业班组及时做好各项生产准备工作，为生产的顺利进行创造条件。

④ 检查设备的运行情况：检查并督促各生产单位合理使用生产设备，了解设备的完好率，做好设备的管理工作。

⑤ 检查劳动力配置情况：检查各个生产单位人员的配置情况，协助进行必要的调整和补充。

⑥ 检查对轮班、各种作业及作业进度情况的检查记录和统计分析工作，及时向上汇报生产进度和存在的问题。

生产调度工作的基本要求是要有计划性、预见性、及时性，要能及时发现各种偏差和问题，快速向有关部门反映，准确地分析原因，采取果断措施进行处理。

2.2.4.3 生产调度工作的方法

为了满足对生产调度工作的基本要求，常采用如图2-12所示的工作方法。

表2-12 生产调度工作的方法

生产调度工作的方法	具体做法
班组生产会	由班组召集全体人员参加会议。一方面对前段生产计划的执行情况、生产任务完成情况进行简要总结，指出需要解决的问题；另一方面对下一段的生产任务做出安排，对当前生产中关键的、急需解决的问题进行讨论、分析并形成决议
现场调度	现场调度是在生产现场讨论和解决问题的调度方法，由班组长在现场与一线操作人员一起研究生产中急需解决的问题
班前、班后会议	利用交接班前后简短的班组会议，在班组内沟通应完成的生产任务及生产任务的完成情况，生产中存在的问题及应注意的事项等，这样有利于调动员工的工作热情和及时解决问题

➤ 2.2.5 班组如何实施JIT生产方式？

2.2.5.1 JIT生产方式的产生和发展

JIT（Just in Time）生产方式即准时化生产方式，是日本在20世纪50~60年代研究和实施的新型生产管理方式。日本丰田汽车工业公司于1961年在全公司推广、实施JIT系统，到1976年，该公司的年流动资金周转率高达63次，为日本平均水平的8.85倍，为美国的10倍多。日本企业在国际市场上的成功，引起西方企业界的浓厚兴趣。西方企业家认为，日本在生产中达到JIT是其在国际市场上竞争的基础。20世纪80年代以来，西方一些国家很重视对JIT的研究，并将其应用于生产管理。

2.2.5.2 JIT生产方式的目的与主要内容

JIT生产方式的目的与主要内容如表2-13所示

表2-13 JIT生产方式的目的与主要内容

项目	内容
JIT生产方式的目的	① 废品率最低（零废品） ② 库存量最低（零库存） ③ 准备时间最短

续表

项目	内容
JIT生产方式的目的	④ 生产提前期最短 ⑤ 零件搬运量最低 ⑥ 机器损坏率低 ⑦ 批量小
JIT生产方式的主要内容	① 在生产制造过程中，实行生产的同步化和生产指令的后工序拉动的方式 ② 为了实现生产的适时适量，要求实现均衡化生产 ③ 根据生产任务配置作业人员和设备，使生产资源合理利用 ④ 在生产的组织结构上，采取专业化和协作化的方式 ⑤ 在产品的设计和开发方面，采用项目负责人负责与并行工程结合的方式 ⑥ 保证产品质量。JIT生产方式将质量管理贯穿于每一道工序中，在降低成本的同时保证产品质量不会下降 ⑦ 提倡采用对象专业化布局，用以减少排队时间、运输时间和准备时间

2.2.5.3　JIT生产方式的主要控制手段

JIT生产方式的主要控制手段如表2-14所示。

表2-14　JIT生产方式的主要控制手段

控制手段	管理目标
零库存管理	JIT生产方式要求库存减少到最低限度，目标实现无库存生产。因为库存量太大，会占用大量资金，降低资金的利用率；库存的搬运和管理需要消耗人力、物力和财力；库存还存在巨大的市场风险，如果该产品被淘汰，就意味着生产该产品的资源全部损失；而且库存最大的弊端在于掩盖了管理中存在的问题
生产同步化，缩短工作周期	生产同步化就是机械加工的过程和装配线的过程几乎同时作业，而且这种作业是平行的。为了缩短生产周期，JIT生产方式还要求每道工序不设库存，前一道工序加工完成后立即送往下一道工序，该方法又称为"一物一流"
弹性作业人数	弹性作业人数要求按照每月生产量的变动对生产线和工序的作业人数进行调整，保持合理的作业人数，从而通过排队多余人员来实现成本的降低，同时还通过不断减少原有的作业人数来实现成本降低。这就要求有特定的设备安排和配置，要求作业人员能胜任多方面的工作
看板管理方式	丰田汽车工业公司在20世纪50年代从超级市场发现，超级市场按照一定的看板来发布和表示生产的信息是一种很好的现场管理和控制手段，于是衍生出了现代的看板管理方式。JIT生产方式之所以能如此风靡于整个世界，而且取得如此成就，这些都与看板管理方式有着密切的联系，看板管理使得整个生产过程的无库存管理成为可能

2.2.6 班组如何实现精益生产?

2.2.6.1 精益生产的基本理念

精益生产（Lean Production，简称LP）是美国麻省理工学院（MIT）几位专家对日本"丰田生产方式"的美称。精，即少而精，不投入多余的生产要素，只是在适当的时间生产必要数量的市场急需产品（或下道工序所需产品）；益，即所有经营活动都要有效有益，具有经济性。也就是说，精益生产是通过系统结构、人员组织、运行方式和市场供求关系等方面的变革，使生产系统能快速适应用户需求的不断变化，并能使生产过程中一切无用的、多余的或不增加附加值的环节被精简，以达到产品生命周期内的各方面最佳效果。

精益生产的基本目的是，要在一个企业里同时获得极高的生产率、极佳的产品质量和很大的生产柔性。

2.2.6.2 精益生产的特点

精益生产克服了技术性生产和大批大量生产的缺点，避免了技术性生产的高费用和大批量生产的高刚性，采用的是由多功能工作小组和柔性很高的自动化设备所组成的制造系统。精益生产的一切基础是"精简"。在生产组织中，精益生产强调企业各部门相互密切合作的综合集成。精益生产的三根支柱是：①准时生产（JIT）；②成组技术（GT）；③全面质量管理（TQC）。

精益生产的特征如表2-15所示。

表2-15 精益生产的特征

特征	具体体现
以用户为上帝	企业要面向用户，保持与用户的密切联系，真正体现用户是上帝。不仅要向用户提供服务，而且要了解用户的要求，以最快的速度和适宜的价格，以高质量的适销新产品去抢占市场
以人为中心	大力推行更适应市场竞争的小组工作方式。让每一个人在工作中都有一定程度的制订计划、判断决策、分析复杂问题的权利，都有不断学习新生产技术的机会，培养职工相互合作的品质。同时对职工素质的提高不断进行投资，提高职工的技能，充分发挥他们的积极性与创造性。此外，企业一方面要为职工创造工作条件和晋升途径，另一方面又要给予一定的工作压力和自主权，以满足人们学习新知识和实现自我价值的愿望，从而形成独特的、有竞争意识的企业文化
以精简为手段	在组织结构上，纵向减少层次，横向打破部门壁垒，将多层次、细分工的管理模式转化为分布式平行网络的管理结构。在生产过程中，采用先进的设备，减少非直接生产工人，每个工人的工作都能真正使产品增值

续表

特征	具体体现
以零缺陷为目标	追求的目标不是"尽可能好一些",而是"零缺陷",即最低的成本、最好的质量,无废品,零库存与产品的多样化

2.2.6.3 精益生产的管理

为了实现企业目标,精益生产主要从生产计划、生产组织和生产控制三方面着手,如表2-16所示。

表2-16 精益生产的管理

管理项目	具体措施
生产计划	精益生产计划的最大特点是:只向最后一道工序下达作为生产指令的投产顺序计划,而对最后一道工序以外的各个工序只出示每月大致的生产品种和数量计划,作为其安排作业的一种参考基准。由于生产指令只下达到最后一道工序,其余各道工序的生产指令是由"看板"在需要的时候向前工序传递,这就使得各工序只生产后工序所需要的产品,避免了生产不必要的产品;因为只在后工序需要时才生产,所以避免和减少了不急需的库存量;因为生产指令只下达给最后一道工序,最后的生产成品数量与生产指令的数量是一致的
生产组织	精益生产的核心思想就是力图通过"彻底排除浪费"来实现企业的盈利目标,也就是要去除任何"只使成本增加的生产诸因素",这其中最主要的有生产过剩(即库存)所引起的浪费,人员利用上的浪费以及不良品引起的浪费。为了排除这些浪费,在生产组织过程中就相应地产生了同步化生产、弹性配置作业人数以及保证质量这样的实施措施
生产控制	精益生产要求生产系统的各环节全面实现生产同步化、均衡化和准时化,因此这种生产主要采用"看板"的方法来控制。"看板"作为控制的工具和手段,发挥着重要的作用

2.3 车间生产现场管理

▶ 2.3.1 何谓生产现场?何谓生产现场管理?

生产现场是指从事与产品生产、加工活动有关的场所,是劳动者利用劳动手段对劳动对象进行加工的场所。

生产现场管理是指合理地组织生产现场的人、机、料、信息、环境等生产要素，营造一个生产环境整洁有序、生产设备正常完好、生产信息准确及时、生产物料平衡有序、生产过程顺畅安全的生产现场，保证高质量、低消耗，准时按量地完成生产任务。

生产现场管理的主要工作如表2-17所示。

表2-17 生产现场管理的主要工作

项目	内容
生产现场管理的主要工作	① 生产作业准备和服务 ② 生产现场的布置与整顿 ③ 生产任务的临时调配 ④ 鼓励职工的劳动热情

➢ 2.3.2 对班组生产现场管理有何要求？

生产现场的有效管理，是实施生产作业计划，实现均衡生产的重要保证。企业不同，生产现场的情况不同，生产现场管理的具体方法也不同，但都具有基础性、整体性、群众性、规范性和动态性等特点。

班组生产现场管理是个十分具体、十分细致、十分繁杂的工作，稍有不慎，就可能发生意外，因此，对班组生产现场管理具体有如表2-18所示的要求。

表2-18 班组生产现场管理的具体要求

项目	具体要求
班组生产现场管理	① 每部机床、每个工位旁只能存放当日在制品，其他物品按分类划定区域摆放。成品及半成品要及时运转，废品和垃圾要及时清除 ② 图纸、工艺文件、工具、量具、刀具、派工单、随同卡等不得随处乱丢乱放 ③ 生产现场保持文明整洁，不得随地吐痰、污染墙壁和门窗等，物品摆放要整齐规范、通道畅通，要及时清除垃圾、油污、积水，每个班次下班（或交接班）时，必须将生产（工作）岗位环境打扫干净 ④ 设备设施、仪器仪表、工具、台、柜、架箱等经常保持整齐清洁，不得有积存的铁屑、灰尘及其他杂物。设备管理要做到无油垢、无锈蚀，杜绝"跑、冒、滴、漏"，安全防护装置要齐全可靠 ⑤ 生产工作场所不得随意牵挂绳索、张贴标语、图表，在墙上贴挂要整齐有序，过时的及时清除，破旧的及时修复或更换 ⑥ 生产工作场所地面平坦，无绊脚物，为生产工作设置的坑、壕、池要有可靠的防护栏或盖板 ⑦ 按规定操作，站或坐姿要端正，不得坐在除凳（椅）子之外的物品上或地上；操作设备要做到"三好"（即管好、用好、修好）、"四会"（即会使用、会保养、会检查、会排除一般故障）

续表

项目	具体要求
班组生产现场管理	⑧ 根据工艺要求，规定戴手套操作的必须戴手套，规定执行换鞋制度的工作场所必须换上工作鞋 ⑨ 严格执行安全文明生产规章制度，正确穿戴工作服和工作帽，上班不准穿高跟鞋、拖鞋、裙子、短裤，不准赤膊赤脚，不准戴戒指、耳环、项链等首饰。正确使用劳动防护用品，操作旋转绞碾设备不准戴手套 ⑩ 严守岗位，生产（工作）中不准串岗、围堆闲谈、嬉笑打闹、吃食物、看与工作无关的书报和干私活 ⑪ 坚持对新上岗和变岗人员的管理教育，严禁违章作业和冒险蛮干；坚持对特种作业人员的安全技术培训，无证不准上岗 ⑫ 生产作业场所的废旧物资不准随意乱丢乱放，须分类交到回收点，由物资回收公司每天及时回收处理 ⑬ 一切运载车辆，不管手动还是机动，均应注意安全行驶，不允许乱停乱放。安装行车的车间更要注意，防止发生碰撞或其他吊装事故 ⑭ 加强对危险物品的管理，严格执行《化学危险物品安全管理条例》，危险作业和临时用电要办理审批手续，动火作业必须办理动火证

班组生产现场是一个动态的作业环境，其实际的情况每时每刻都发生着变化，随着作业内容的变化，可能会出现新问题。事故的预测、预防工作必须贯彻到作业现场。加强现场管理，理顺人、机、料、作业环境之间的关系，建立起一个文明、整洁、有序、舒畅的生产作业现场，不仅对于提高安全程度起着巨大的作用，而且对于提高生产效率有着深远的影响，真正使安全和生产做到高度的统一。

【案例2-2】 某动力股份有限公司强化班组现场管理

谈到现场管理，这似乎是一桩苦差事。何谓苦？因为现场管理涉及人、机、料、法、环诸因素，问题多，工作量大。抓一下可能好一点，稍有疏忽就会滑下来，时起时伏，时好时坏，成了现场管理难以克服的怪圈。某动力股份有限公司不断吸收和借鉴世界上先进的经营理念、管理方法，努力实现企业管理与国际接轨。随着企业不断推进现代科学管理，现场管理越来越得到重视。该公司从三个阶段推进现场管理。

(1) 以现场清扫、整理为主要内容的文明生产。

推进现场管理的第一阶段，主要是针对两类问题，逐条消除。

第一类问题，主要是因为生产繁忙引起对现场管理重视程度有所下降。地面整洁问题，如积水、破损、油污、定置线模糊等；零部件保护问题，如零部件着地、油污、积灰、手印、带屑、堆放不齐、占用通道、敲毛碰伤等；墙面墙角问题，如墙面污损、积灰、卫生死角、茶杯摆放等；设备管理问题，如设备搬迁、设备点检、严重滴漏、积灰、油污、设备上随意放物品等。

第二类问题，主要是因为现场管理意识不强，必须建立长效机制。工位器具问题，如外协料架管理不善、周转不畅、物品叠放、料架不洁等；外协车辆问题，如车辆滴油、车辆排废气、占用通道等；包装箱问题，如物料堆放、包装垃圾、包装过多等；车间橱窗问题，如橱窗利用不足、张贴不齐、标语陈旧等。

(2) 以"5S"为主要内容的现场区域定置管理、区域定置、责任到人。

公司以班组为单位，将生产现场管理职责划分到人。公司现有班组几十个，每个班组都要对生产管理全面负责，同时落实对班组工作区域的现场管理，具体落实车间"5S"管理、定置管理要求。

公司以车间为单位，推进班组现场管理，要求通过车间底层管理信息系统在班组岗位现场的终端计算机上进行动态调配、管理。有的还通过班组生产看板，反映车间生产管理状态信息和管理要求。

(3) 以信息流和物流结合为主要内容的现场综合管理。

公司总体上开发和应用计算机管理信息系统（CIMS）进行销售、制造、物流、质量的信息传递与处理，制订公司的销售、生产、采购计划。CIMS系统由管理信息系统（MIS）和工程信息系统（EIS）两部分构成，作为公司所有生产经营活动和管理信息交互平台，MIS偏重于经营管理支持，EIS偏重于产品开发和生产的技术管理支持。

公司精益生产活动已经启动，在生产制造环节以MIS系统的计算机管理软件（SAPR/3）平台为基础，集合IES技术支持系统，构架车间底层管理信息系统。生产计划是严格根据当月销售合同订单生成，分解到各制造车间班组。对于需要外部采购的原材料，由生产供应部门根据生产计划编制采购计划实施采购活动。在现场管理上，主要生产岗位和生产设备均已实现公司计算机联网，实时实地输入和控制生产制造信息数据。班组生产现场显示主要的生产进度信息，便于目视管理。班组生产现场提供生产管理图板，记录发布生产现场质量管理信息。原材料、半成品、成品的需求信息、进度信息、报交、检验等生产环节全面按照计算机信息流进行节点管理，实物物流在各部门之间做出配送、调度、周转，现场零部件都在专门车辆、料架内存放搬运。

2.3.3 何谓"看板管理"？实施看板管理应遵循哪些原则？

2.3.3.1 看板管理及其功能

看板管理亦称"看板方式""视板管理"。在工业企业的工序管理中，以卡片为凭证，定时定点交货的管理制度。"看板"是一种类似通知单的卡片，主要传递零部件名称、生产量、生产时间、生产方法、运送量、运送时间、运送目的地、存放地点、运送工具和容器等方面的信息、指令。一般分为：在制品看板，它用于固定的相邻车间或生产线；信号看板,主要用于固定的车间或生产线内部;订货看板(亦称"外协看板"),主要用于固定的协作厂之间。

看板管理是实现JIT生产方式的一种很好的班组生产现场管理和控制手段。在生产过程中,班组管理人员可以通过看板发布生产信息,与生产现场的员工进行及时的信息交流与沟通。看板管理在班组生产现场管理中主要有如表2-19所示的功能。

表2-19 看板管理的功能

功能	释义
传递生产与运送的工作指令	班组将厂部、车间的生产指令下达到各有关工序,各工序的生产都根据看板上发布的产量、时间、顺序以及运送数量、运送时间、运送目的地、搬运工具等信息来进行,以便实现"适时适量生产"
防止过量生产和过量运送	看板管理必须按照"没有看板不能生产,不能运送"的原则来操作。一般看板所表示的只是必要的过量,因此通过看板可以自动防止过量生产与过量运送
进行"目视管理"的工具	看板管理必须遵循的另一条原则是"看板必须在实物上存放""前工序按照看板取下的顺序进行生产"。于是,作业现场的管理人员对生产的优先顺序一目了然,只要一看看板,就能知道后工序的作业进展情况,很易于管理
改善生产管理机能的工具	看板上在制品数量的减少,意味着某工序设备出故障,生产出不良产品,下一道工序的需要将得不到满足。根据看板显示的数据及时发现生产过程中的问题,便于管理人员及时采取措施解决问题 看板管理是控制现场生产流程的透明化管理工具。看板管理旨在传达"何时生产何物、生产多少数量、以何方式生产、搬运"的信息,是管理可视化的一种表现形式,即对数据、情报等的状况一目了然,是对于管理项目、特别是情报进行的透明化管理活动。看板管理使管理状况众人皆知,看板犹如巧妙连接各道工序的神经

看板管理方法是在同一道工序或者前后工序之间进行物流或信息流的传递。随着信息技术的飞速发展,当前的看板方式呈现出逐渐被电脑所取代的趋势。

2.3.3.2 实施看板管理应遵循的原则

看板是JIT生产方式中独具特色的管理工具,看板的操作必须严格符合规范,否则就会陷入形式主义的泥潭,起不到应有的效果。实施看板管理应遵循六个原则,如表2-20所示:

表2-20 实施看板管理应遵循的原则

项目	具体内容
实施看板管理应遵循的原则	① 没有看板不能生产也不能搬运；前工序按看板的顺序进行生产 ② 后工序只有必要时才向前工序领取必要数量的零部件 ③ 前工序应该生产足够的数量，以补充被后工序领取的零件 ④ 不合格品不送往后工序，后工序一旦发现次品必须停止生产，找到次品送回前工序 ⑤ 看板上使用的数据应该尽量的小，以防止生产过量 ⑥ 应该使用看板以适应小幅度需求变动

【案例2-3】 ××塑料制品有限公司包装班看板管理活动的实践与成效

(1) 看板管理活动的实施

① 规章制度与工作标准的公开化。为了维护统一的组织和严格的纪律，提高劳动生产率，实现安全生产和文明生产，包装班将凡是与现场操作人员密切相关的规章制度、标准、定额，如十项制度、现场卫生承包区域图、各个岗位的岗位职责、经济责任指标等用看板公之于众。

② 生产任务与完成情况的图表化。包装班对每天的生产情况以及本班每月完成情况的具体数据做出分析，并画出趋势图，使班组的看板管理以数据为依据。

(2) 看板管理工序点的控制。看板管理为班组进一步深入开展工作打下了基础。包装班通过对现有生产过程的分析，找出了质量和成本两个关键工序点作为突破口，严加控制。

① 控制重量偏差，提高产品质量。质量是企业的生命，是企业得以生存和发展的先决条件，作为生产岗位上的一线员工，应当生产出优质的产品。包装班积极响应车间提出的口号："向先进水平挑战，提高包装质量，向用户提供合格满意的产品"。为此，包装班在抓好封口质量的基础上，重点抓好每一包产品的重量，把每一包产品的重量偏差控制在企业标准内。为了达到这一目标，包装班采取了以下有效的措施。

a. 对产品抽样检查。每天开车检查四包料，确保产品合格率。

b. 随着产品的变化，称量机可能会出现不稳定状态。出现问题包装班要及时作出调整，保证称量机能正常称量。

c. 对每批产品的最后几包料进行过磅称重。

d. 对于不同牌号的产品，针对其密度不同，调节称量机挡板的高度，保证称量精度。

e. 加强设备的巡检工作，防止设备问题引起重量偏差。一旦发现，及时处理，保证不合格的产品不入库。

以上五个工序的管理措施，是包装班在实行看板管理活动中发现问题、解决问题的良好手段。自从对工序点进行控制以来，包装班每天做记录，每月编制重量偏差走势图，产品的重量偏差均控制在标准范围内。

② 控制重薄膜包装袋成本，降低班组成本。班组成本的考核一直是班组管理的重点。包装班以科学管理为手段，把降低重薄膜包装袋单耗作为突破口，推动班组成本管理工作。为此，包装班主要采取了以下几项措施。

a. 从源头抓起，杜绝重薄膜包装袋的两次损坏。铲车驾驶员从仓库铲薄膜时要特别注意，防止操作上不慎造成不必要的损坏。

b. 加强重薄膜包装袋上机前的检查。薄膜上机前，操作工要检查薄膜质量，发现薄膜破损要及时做上记号，并在制袋部分将破损的重薄膜包装袋抽出，使薄膜的损失减少到最小。

c. 提倡"空袋"利用。以往将出现的空袋都当成废料处理，现在班里将可以利用的空袋人工放至投料口，使它们重新被利用，减少薄膜的消耗。

(3) 看板管理的成绩。经过半年的实施，包装班对看板管理有了一定的认识。看板管理形象直观，便捷明了，能严把包装质量最后一道关。通过看板管理，及时将生产中出现的问题显露于众，透明度高，便于现场人员互相监督，发挥了一定的激励作用。

实行看板管理，对生产作业的各种要求可以做到公开化。干什么、怎样干、干多少、什么时间干、在何处干等问题一目了然，这就有利于人们默契配合、互相监督，使违纪违规的不良现象不易隐匿。

包装班通过开展看板管理，管理水平有了明显的提高；组内成员增强了岗位竞争意识；经济效益成果显著，仅以全班每天节约40只空袋计，全年便节约塑料1.68吨，折合人民币11 760元。

【案例2-4】 某机床厂总装班关于"低级问题七大害"的看板

(1) 低级问题定义

低级问题是指非智力、能力因素所导致，而是在工作中不注意细节、工作态度不端正、责任心差造成产品出现的问题。

(2) 低级问题分类

① 松：指各部螺钉、顶丝、背帽等坚固零件松动，销子没打住、止退垫圈、卡爪不到位、顶丝、坚固铁丝未捆绑到位或断裂。

② 掉：指各定位销、螺钉、键配合不好，造成脱落，无关件、多余件掉入机床内部的现象。

③ 漏：指各密封处漏油，回油不通，油管润滑位置不正确，以及密封胶溢流、未清理现象。

④ 脏：指表面及内部有铁屑、螺钉、油泥等杂物。

⑤ 锈：指床身、立柱、下导座导轨面、工作台面、平旋盘、立轴外圆及端面锈

蚀等。

⑥磕：指外观及导轨表面出现凹坑、凸起等磕伤现象而未被修复。

⑦下塞尺：指各部压板、导轨、镶条、立柱与床身结合面、立轴轴承端面出现的下塞尺现象。

➢ 2.3.4 何谓"5S管理活动"？如何开展5S管理活动？

众所周知，质优价廉的产品是在现场形成和实现的，因而认真抓好现场管理具有十分重要的意义，5S管理活动就是用于现场管理的一种有效方法，它在许多国家得到推广应用。

2.3.4.1 5S的含义

5S管理活动源自日本。所谓5S，就是整理（Seiri）、整顿（Seiton）、清扫（Seiso）、清洁（Seiketsu）、素养（Shitsuke），因为这五个词在日语中罗马拼音的第一个字母都是"S"，所以把这一系列活动简称为5S活动，具体含义如表2-21所示。

表2-21 5S管理活动的具体含义

项目	具体含义
整理	明确区分需要的和不需要的物品，在生产现场保留需要的物品，清除不需要的物品。目的在于充分利用空间，防止误用无关物品，打造清爽的工作场所
整顿	对保留的有需要的物品进行合理、有序的定置摆放，使作业地的物品整齐、有条理，创造整齐的工作环境
清扫	对生产现场"看得见"与"看不见"的地方进行清扫，清除垃圾、废物及污垢，使作业地干净、明亮，使生产现场始终处于无垃圾、无灰尘的整洁状态，减少对工人健康的伤害
清洁	持之以恒地进行整理、整顿和清扫，保持整理、整顿和清扫的效果，让工作场地使人产生愉快的心情，有利于提高工作效率
素养	养成认真、规范、主动工作、自觉执行工厂规章制度的良好习惯，要求全体员工高标准、严要求维护现场的环境整洁和美观，自觉实施整理、整顿、清扫、清洁活动

这五项平常、简单的内容组合起来，循环、连续而持久地进行，就会产生优质、高效、低成本和安全生产的显著效果。

2.3.4.2 开展5S管理活动的目的和意义

开展5S管理活动，旨在通过规范现场、现物，营造整洁、清晰的工作环境，培养员工良好的工作习惯，其最终目的是提升人的品质，以达到如表2-22所示的目的和意义。

表2-22　开展5S管理活动的目的和意义

项目	希望达到的目的和意义
开展5S管理活动的意义	① 革除马虎之心，养成凡事认真的习惯 ② 养成遵守规定的习惯 ③ 养成自觉维护工作环境整洁明了的良好习惯 ④ 养成文明礼貌的习惯

2.3.4.3　5S管理活动的特点及开展5S管理活动的方法

将5S管理活动运用于班组生产的现场管理之中，对提高企业的生产效率是很有成效的，但是要真正实现5S，不是一朝一夕的事，需要长期、大量、细致地做好多方面的工作，抓住5S管理活动的特点，实实在在地开展活动。

5S管理活动的特点如表2-23所示。

表2-23　5S管理活动的特点

特点	内涵
整体性	5S活动是由整理、整顿、清扫、清洁和素养五项内容组成的，必须依照顺序逐一实施，切不可简化或跨越其中的任何一项内容。破坏了5S活动的整体性，也就违背了这种方法的原理，是不可能取得提升员工品格、提升企业形象、提高效率、减少浪费、降低成本等效果的
持续性	5S活动不是阶段性、突击性的活动，而是与日常工作融为一体、连续、持久进行的活动，是一个不断循环的过程。要在持续中循环，在循环中提升；要由形式化到制度化再到习惯化
关键性	5S活动的5项内容中，前3个S是基础，第4个S是关键，第5个S是核心

充分认识5S管理活动的这些特点，实实在在地开展5S活动，才能真正取得成效。从日本及我国众多企业的实践经验说明，5S管理是进行生产管理，特别是生产过程现场管理的一项行之有效的活动，也是企业成功的重要活动之一。

5S管理活动可按以下步骤逐步深入开展，如表2-24所示，并将目视管理、"红牌"方式、检查表等方法与技巧运用其中。

表2-24　开展5S管理活动的步骤

项目	具体步骤
开展5S管理活动的步骤	① 领导重视，认识正确，充分发动群众 ② 建立机构，落实职责，细心做好策划工作 ③ 大声造势，耐心做好宣传，使5S活动成为群众的自觉行动 ④ 组织实施，开展竞赛

续表

项目	具体步骤
开展5S管理活动的步骤	⑤ 检查评比，总结经验 ⑥ 循环持续

2.3.4.4　5S管理活动的拓展

为了进一步实现规范化现代企业管理，不少企业现在将5S管理活动加以拓展，正在推行6S管理活动，即6S = 5S + Safety。

Safety（安全）：对员工身心健康、生命财产等安全可能构成直接危害或潜在伤害的情形或现象予以分析，避免其发生。

还有的提出7S，即7S = 5S + Safety + Service（服务），把做好生产服务也纳入现场管理活动中。

【案例2-5】　某通信集团公司数码录音器班的"5S活动"现场管理

某通信集团公司数码录音器班自1998年起，采用了"5S活动"现场管理，目的就是要将"不断提高品质"这一目标再提高一步。

为了确保班组全员参与，活动顺利开展，力求达到应有的实际效果，班组切实采取以下主要措施：

① 聘请精于"5S活动"的专家为员工进行培训。
② 组织员工学习关于"5S活动"的文章。
③ 在班组醒目的地方增设"5S活动"专栏，刊登有关消息。
④ 在文娱节目中加入"5S活动"的内容，务求"5S活动"进入生活的各个层面。
⑤ 为了保证活动成功，班组还认真组织检查：每月一次或两次的"定期检查"；另请5S活动推行委员会连同公司高层进行复查；有时甚至还外聘专家进行检查。

经过一年多的实施，"5S活动"带给数码录音器班众多好处：工作环境清洁、整齐，增加了员工的工作投入感；工作事故大大减少；员工的效率得以提高；工作程序更为顺畅，减少了时间和金钱的损失；给来访者以良好的印象。

2.4　班组的技术管理

技术管理是企业、车间管理也是班组管理的一个重要组成部分，它与企业的经营管理、生产管理等有着密切关系。技术管理为企业的经营提供发展后劲，为企业的生产过程提供技术上的保证。班组的技术管理主要是以创新思维为导向，对生产工艺、新产品开发、技术革新和技术改造等进行管理，使班组的技术水平在原有基础上获得改进和提高。

2.4.1 班组的生产工艺管理活动有哪些？

班组按照产品的工艺图纸，根据现有设备和技术工人的情况，拟定和执行现场作业标准及工艺流程，从而使生产的产品，按照客户的需要进行，保证进度和质量。在进行工艺管理的过程中，应严格遵循3N（亦即"三不"）管理原则，如表2-25所示。

表2-25 班组工艺管理应遵循的原则

3N管理原则	具体要求
不（NO）接受不合格品	① 熟悉上一道产品技术 ② 检查上一道工序的质量 ③ 对上一道工序工件的确认 ④ 反馈不合格信息
不（NO）制作不合格品	① 岗位技能、岗位等级相符 ② 按工艺指导书作业 ③ 确认材料工装夹具 ④ 精心维护调整设备
不（NO）转交不合格品	① 正确使用量具量仪 ② 做好本岗岗位检验 ③ 认真做好质量记录 ④ 上、下互查确保质量

切实树立市场质量意识，做到从原材料进厂开始把关，不接受、不制作、不转交不合格品，确保产品质量和信誉。

2.4.2 班组如何开展技术革新活动？

2.4.2.1 技术革新

技术革新是指应用新知识和新技术改造生产工艺和生产设备，以提高产品质量、提高生产效率、降低产品成本的技术活动。因为班组天天直接和生产工艺、生产设备打交道，生产工艺的改进和生产设备的改造这类技术革新活动，可以说是班组技术管理的常规性工作。

班组要开展技术革新，必须树立创新观念，积极吸取国内外先进技术和先进经验，重视创新人才的培养，充分发掘全体员工的创造潜能。班组的技术革新必须围绕产品进行，以提高产品质量、提高生产效率为宗旨，以增加企业的社会效益和经济效益为目标，以提高企业的技术水平、增强企业的市场竞争能力为动力。

2.4.2.2 技术改造

技术改造是指用新技术、新设施、新工艺装备对企业原有技术、设施、装备进行改造。主要包括采用新工艺、新设备提高劳动生产率、节约原材料和能源消耗；开发新产品，提高产品性能和质量，使产品升级换代；合理利用资源，提高资源综合利用水平。由此看来，技术改造是班组技术管理中的一项常规性活动，它对于企业的生存和发展有着十分重要的意义。

技术改造的内容十分丰富，一般说来包括改进产品性能和结构、改造原有生产设备、改进工艺过程和操作方法、合理使用自然资源和保护自然环境。

总之，班组的技术改造，要立足长远，着眼当前，抓好那些花钱少、收效大、见效快的项目，紧紧围绕提高产品质量、增加产品品种、提高劳动生产率、提高经济效益和社会效益来展开。

2.4.2.3 新产品开发

所谓新产品，是指对现有产品在原理、用途、性能、结构、材质等某一方面或几方面具有新的改进的产品。新产品是一个相对概念，在不同时期、地点、条件下具有不同的含义。从企业的角度来看，只要产品整体概念中任何一部分有所创新、改革或改进等，都属于新产品。一般说来，新产品开发主要由企业和车间技术部门负责。然而，班组在生产一线直接制造产品，也可能会发现产品性能或结构上的某些缺陷。将这些发现及时反馈到企业的技术部门，针对性地加以改进，就很有可能开发出一种新产品。

随着科学技术和经济的高速发展，产品开发的发展趋势主要表现在：①高效化和多功能化；②微型化和简易化；③多样化和系列化；④舒适智能化；⑤节能化和环保化。只要充分发动群众，努力沿着这些发展趋势寻找和探索，班组也完全可能为企业开发新产品闯出一条路子来。

第3章 班组质量管理与控制

3.1 质量管理概述

3.1.1 何谓质量？何谓质量管理？

3.1.1.1 产品质量的含义

何谓质量？随着社会和经济的发展,人们对质量概念的认识经历了一个不断发展和变化的过程,表3-1所列的几个质量概念很具有代表性。

表3-1 质量的概念

项目	具体表述
关于质量的几种表述	① 质量意味着对规范或要求的符合,即合格就是质量 ② 质量是反映实体满足明确和隐含需要的能力的特性总和,即适用性 ③ 质量是一组固有特性满足要求的程度
其中"一组固有特性满足要求的程度"是在GB/T19000—2016《质量管理体系 基础和术语》中对质量下的定义。这是迄今为止在世界范围内影响最广泛,也是最广为接受的质量定义。这一质量概念表明质量所描述的对象已不仅包括产品、服务,还扩展到了过程、活动、组织以及它们的结合;质量的含义也从"符合性"发展为"适用性",适用性的内涵是要重视用户,将质量的重心和评定的权力移向用户,即形成了用户满意这一新的质量观	

3.1.1.2 产品质量的特性

质量是对用户需要的反映,为了使用户需要的质量得以实现,就必须对用户的需要进行变换,将其用理性的、技术的或工程的语言明确地表述出来,这就是质量特性。以有形产品为例,产品质量的特性可以从如表3-2所示的几个方面描述。

表3-2 产品质量的特性

项目	含义
性能	性能指产品满足使用目的所具备的技术特性，如产品的理化性能、电视机的清晰度、钟表的走时准确等。性能是最基本的质量特性
耐久性	耐久性指产品在规定的使用条件下完成规定功能的工作总时间，即产品的使用寿命，如电冰箱的使用年数等
可靠性	可靠性指产品在规定的时间和规定的条件下完成规定任务的能力，即产品实现满足使用者要求的能力，如电视机平均无故障工作时间、电冰箱在使用中的无故障率等
安全性	安全性指产品在操作或使用过程中对使用者、周围财产或环境安全、卫生的保证程度，如电器设备的用电安全、食品的食用安全性等
经济性	经济性指产品寿命周期总费用的大小，包括产品的设计、制造及使用过程的维持费用
外观	外观指产品的造型、色泽、包装装潢等的外观质量特性，如手机的造型等

质量特性一般通过量化的指标来规定，形成产品的质量特性值。质量特性值是反映产品质量特性所达到水平的数据，也就是质量数据。

3.1.1.3 质量管理

质量管理是确定质量方针、目标和职责，通过质量体系中的质量策划、质量控制、质量保证和质量改进使其实现具有管理职能的全部活动。

质量管理是伴随着产业革命的兴起而逐渐发展起来的，系统的、独立的质量管理开始形成于18世纪的欧洲工业革命，其发展大体经历了如表3-3所示的三个发展阶段。

表3-3 质量管理经历的三个发展阶段

发展阶段	具体表现
单纯质量检验阶段	这一阶段出现在20世纪初，随着企业规模的扩大和分工专业化程度的提高，企业中设立了专职的检验人员，负责将生产出来的产品按事先规定的质量标准分类，区别合格品与不合格品。但质量检验只能阻止不合格品的流通而不能预防不合格品的产生，属于"事后把关"
统计质量控制阶段	这一阶段出现在20世纪40年代，主要特征是将概率论与数理统计的原理和方法应用于质量管理之中。一方面通过对工序质量进行分析，及时发现生产过程中的异常情况，确定产生质量波动的原因，迅速采取措施加以消除，使之保持稳定的状态，从而防止不合格品的产生，实现了将"事后把关"转变为"事前预防"的质量控制。另一方面采用抽样检验的方法，从而解决了需要做破坏性试验来进行检验的那些产品最终检验的难题，使检验工作量既合理又有可靠的判断依据。但这种管理方法纯粹依靠统计分析和生产过程的控制，忽视了组织的管理和"人"这一因素的作用

续表

发展阶段	具体表现
全面质量管理阶段	这一阶段出现在20世纪60年代，随着科学技术和生产力的迅速发展，对产品质量的要求越来越高，对安全性和可靠性单纯依靠统计控制方法已无法满足要求。这时美国通用电气公司的A.V.弗根·鲍姆以及朱兰博士等专家提出了全面质量管理的概念，把质量管理从工序控制进一步扩展到产品的设计、制造和销售使用等各个过程，突出了"人"这一要因在质量管理中的作用，逐步地将质量管理从质量职能的领域，演变和发展为以质量为中心，综合、全面的管理方式和管理理念。至今，全面质量管理的理论仍在实践中不断地完善和发展

➢ 3.1.2 质量管理有哪些新理念？

当今世界的两大质量管理理念是"质量是企业的生命"和"全面质量管理（TQC）"。

3.1.2.1 质量是企业的生命

随着经济的发展和社会的进步，市场经济体制的日趋完善和经济全球化进程的加快，"质量是企业的生命"这一理念已为我国企业界所认同。质量管理在企业管理中的地位日渐重要，质量管理理论也在不断发展和完善。企业已由重视产品质量和服务质量，进一步提升为重视和改进整个经营管理的质量。

质量是企业的生命，它关系到国计民生，关系到企业的生存与发展，对加强质量管理，提高产品质量有着十分重要的意义，如表3-4所列。

表3-4 "质量是企业的生命"所体现的意义

项目	具体体现
"质量是企业的生命"所体现的意义	① 产品质量与人民的生活水平休戚相关。美国的质量管理专家朱兰博士曾用"质量大堤"这一比喻生动地说明产品质量与人们的生活、健康、安全等息息相关。只有构筑牢固的"质量大堤"，人民生活水平才能提高，社会才会安全、稳定 ② 产品质量关系到企业的生存与发展。现代企业的竞争，其实质是产品质量的竞争。产品质量好的企业在竞争中会赢得社会信誉，会不断发展、不断壮大，竞争能力也将不断得到增强 ③ 提高产品质量能使企业节能降耗。产品质量好、废品少，将使企业降低材料和能源消耗，提高劳动生产率和经济效益；产品性能好、使用寿命长，就等于增加了产量，节约了资源，增加了社会财富 ④ 提高产品质量将加速发展国民经济。提高产品质量，就能节约社会资源、提高经济效益，显然这对于加速国民经济的发展十分有利

由此可见，产品质量是一个国家科学技术水平、管理水平和其他各项工作的综合反映，所以必须把提高产品质量作为我国的一项长期战略任务来抓。

【案例3-1】 从破产到异军突起，皆源于质量

据报道，我国一家生产电冰柜的公司曾因负债2500万元而被母公司视为"包袱"，决定宣告破产而"一卖了之"。其原因是当时生产的产品质量低劣，出现了在某市一天售出200台，又在6天内全部退货的罕见窘况。那时，不合格产品堆满了工厂大院，职工放长假达8个月之久，讨债者强行封库，企业负责人37次被传上法庭。在公司走投无路的情况下，上级母公司只好忍痛将其出售，以卸包袱。

几年后，该公司却在全国家电市场竞争中异军突起，成了国内生产电冰柜企业中的佼佼者，市场占有率达到18.4%，产量增长63倍，销售收入增长61倍，利润增长2351倍，税金增长210倍，总资产增长15倍，全员劳动生产率提高6.18倍。2004年实现利税9900多万元，2005年仅利润就达到2亿元。该公司从2002年起，连年被评为采用国际标准的先进单位。面对如此巨大的变化，该公司广大职工说，公司发展、壮大的事实充分说明，一个企业的悲剧在（产品）质量，成功也在（产品）质量，而抓好质量关键是企业的第一把手。

【案例3-2】 "海尔人"永恒的魅力

企业的出路在市场。然而激烈残酷的市场竞争使每个企业都深深感到，市场就是战场。青岛电冰箱厂以张瑞敏为首的海尔人更认识到，市场的竞争主要表现在质量的竞争，因此他们选择和制定了"唯一"和"第一"的战略理念，并为之奋斗。高起点的"唯一"理念，使海尔人坚定了争第一的决心和信心。他们看到，在1954年就诞生了第一台电冰箱的中国土地上，30多年来，国优金牌的称号却始终空缺。为了争取中国冰箱史上的"第一"这块金牌，海尔人下决心一定要生产出质量第一的产品。他们制定了严密的质量保证体系，实行高标准、严考核、重处罚的管理制度，如生产一台合格冰箱，计件奖为0.4元；而出现一台废品，则重罚40元。"宁可出一台一等品，也不出十台二等品"的格言成了他们的质量标准。1998年，琴岛·利勃海尔终于问鼎国优金牌宝座。

青岛电冰箱厂以高质量的产品赢得了千百万用户的心，使自己在有限的市场需求下争取到了有利地位。在1989年市场出现疲软、电冰箱销势猛跌之际，青岛电冰箱厂的琴岛·利勃海尔却独领风骚，成为唯一价格上调、产销两旺的冰箱产品，产值、利税分别增长33%和48.2%。他们不但荣获全国企业改革创新奖"风帆杯"，还通过了国家一级企业预考评和国家质量管理奖的资格审定。是优良的产品质量使海尔人获得了永恒的魅力。

3.1.2.2 全面质量管理（TQC）

全面质量管理（Total Quality Control）的理念自20世纪60年代提出后，经过各个国家在实践中的不断创新，到目前为止，应以ISO 9000族标准中对其下的定义最能反映全面质量管理概念的最新发展。ISO 9000族标准中对全面质量管理定义为：一个组织以质量为中心，以全员参与为基础，目的在于通过让顾客满意和本组织所有成员及社会受益而达到长期成功的管理途径。

全面质量管理具有如表3-5所示的特性。

表3-5　全面质量管理的特性

特性	具体内涵
全过程性	全面质量管理要求从全过程的角度认识质量，产品质量取决于设计质量、制造质量、销售及售后服务质量等全过程；要求从质量的产生、形成和实现的全过程进行管理，包括了从市场调研、产品设计开发、加工制造、贮运销售、售后服务等各个过程的质量管理，形成一个系统的质量管理体系。这一特性强调预防为主，预防与检验相结合，消除各种产生不合格品的隐患，向顾客长期、稳定地提供合格的产品；突出顾客满意的质量观，要求企业所有岗位都必须形成为顾客服务的意识，将下道工序视为顾客，让内部顾客满意是实现外部顾客满意的重要基础
全员性	全面质量管理要求从决策者、职能人员到第一线岗位的操作人员等全体人员都关心质量，对质量负责，开展人人做好本职工作，人人对质量负责的广泛的群众性质量活动。要实现全员的质量管理，首先要抓好全员的质量教育和培训，提高全员的质量意识和参加质量活动的能力；其次要建立质量管理责任制，明确职责，增强责任感，激发创造力；第三是通过多种形式的群众性质量活动，充分发挥质量管理中"人"这一因素的重要作用
全方位性	全面质量管理提出了顾客满意的新的质量观，这就给质量一个广义的概念，它不仅包括产品质量、服务质量，还包括成本质量、供需质量、工序质量以及企业生产经营各方面的工作质量。工作质量是产品质量的保证，产品质量是企业一切工作质量和供需质量的综合反映。因此，全面质量管理也就是对产品质量、工序质量、工作质量的管理，质量管理与企业的生产经营管理是一体化的
多方法性	全面质量管理把管理方法、经济分析方法、生产技术方法、数理统计控制方法等结合起来，形成了系列的管理方法。多方法的质量管理，体现了"用数据说话"的遵循客观规律、实事求是的管理特点，提高了质量管理工作的科学性和准确性

➢ 3.1.3　质量管理应贯彻哪些原则？

ISO 9000—2000版的标准中提出了质量管理的八项原则，这八项原则是在总结质量管理的实践经验和提升质量管理理论的基础上概括出来的质量管理最基本、最通用的规律,是现代质量管理的理论基础,也反映了全面质量管理的基本思想。这八项原则如表3-6所示。

表3-6 质量管理的八项原则

项目	内容
原则一: 以顾客为关注焦点	"组织依存于顾客。因此,组织应当理解顾客当前和未来的需求,满足顾客要求并争取超越顾客期望。"这一原则说明了企业要实现长期的成功,其经营必须以顾客为中心,把顾客的要求放在第一位,即全面质量管理要始于识别顾客的需要,终于满足顾客的需要并争取超越顾客的需要
原则二: 领导作用	"领导者确立组织统一的宗旨及方向。他们应当创造并保持使员工能充分参与实现组织目标的内部环境。"这一原则说明企业的最高管理者在全面质量管理中的作用是举足轻重的,最高管理者应当使质量方针、质量目标与企业的经营宗旨统一、一致,并创造一个全体员工能够充分参与实现组织目标的内部环境
原则三: 全员参与	"各级人员都是组织之本,只有他们的充分参与,才能使他们的才干为组织带来收益。"企业的质量管理是通过产品实现过程及支持过程来实施的,所有这些过程的有效性取决于各岗位人员的意识、能力和主动精神。人人充分参与质量管理活动,既是企业实现质量方针、目标的必要条件,又是提升质量水平的充分条件
原则四: 过程方法	"将活动和相关的资源作为过程进行管理,可以更高效地得到期望的结果。"企业必须系统地识别各管理本组织所应用的过程,特别是这些过程之间的相互作用。这是现代企业进行管理与控制的特点之一,也是全面质量管理发展的一个新标志
原则五: 管理的系统方法	"将相互关联的过程作为系统加以识别、理解和管理,有助于组织提高实现目标的有效性和效率。"系统方法的特点是:以顾客的需求确立企业的质量方针和目标,确定实现质量方针和目标的活动,识别由这些活动构成的过程,分析过程之间的相互作用,将这些过程有机地组合成一个系统进行管理,使之有效地、协调地运行
原则六: 持续改进	"持续改进总体业绩应当是组织的一个永恒目标。"事物总是不断地发展,顾客的需求也在不断地变化、提高,企业要能适应外界环境的这种变化要求,就应建立一种机制增强自身的适应能力和提高自身的竞争力,这种机制就是持续改进。持续改进是当今社会对企业的要求,也是全面质量管理发展的一个新标志
原则七: 基于事实的决策方法	"有效决策是建立在数据和信息分析的基础上。"基于事实的决策方法强调遵循客观规律,在广泛收集信息并用科学的方法加以处理、分析的基础上进行决策,这对企业所进行的各项活动能达到预期的目标是非常重要的
原则八: 与供方的互利关系	"组织与供方是相互依存的,互利的关系可增强双方创造价值的能力。"随着生产社会化程度的加大,企业专业化程度越来越明显,因而在当今的经营环境中,企业与企业既是"竞争对手",也是"合作伙伴",只有致力于双方共同发展的互利关系,才能最终确保顾客满意,企业才能获得自身的发展

3.2 班组的质量管理工作

班组是直接生产产品的基层单位。可以毫不夸张地说，班组质量管理工作的优劣会直接影响企业的生存和发展。显然，企业从上至下都必须高度重视班组质量管理工作。班组要在生产过程中，及时发现质量问题，科学分析质量问题，精准解决质量问题。以下就班组质量管理工作提出一些问题展开必要的讨论。

➢ 3.2.1 何谓质量检验？

质量检验是运用一定的方法，对实体的一个或多个质量特性进行的诸如测量、检查、试验或度量，并将结果与规定的质量要求进行比较，以确定每项质量特性符合质量标准要求的程度所进行的活动。质量检验是质量管理中的重要一环，它起着把好质量关、反馈质量信息、监督和控制质量的作用。

质量检验按检验对象特征可分为：进货检验、过程检验、最终检验；按检验的数量可分为全数检验、抽样检验、免检；按检验的手段可分为感官检验、理化检验等。

➢ 3.2.2 如何做好生产准备过程的质量管理？

生产准备过程的质量管理主要有两个方面，如表3-7所示。

表3-7 生产准备过程的质量管理

项目	准备内容
工艺路线的分析研究	依照产品零件图，仔细分析研究其加工工艺路线能否确保达到加工质量，如有疑问，应提交有关技术部门讨论、确认（不得自行修改）
材料设备的准备	原材料、辅助材料、机械设备等的质量对产品质量影响很大，因此对外购的原材料、辅助材料、机械设备等一定要严格把好验收关，消灭各种质量隐患

➢ 3.2.3 如何实施生产过程质量控制？

质量管理的一项重要工作是控制产品质量的稳定性，也就是找出产品质量的波动规律，消除由系统原因引起的质量波动，把由随机原因引起的质量波动控制在合理的范围内。

3.2.3.1 产品质量波动

在实际的产品加工中，同一批产品的产品质量特性值并不完全一样，也就是说采用同一工艺、由同一操作者、使用同一设备和原料加工同一种产品，所加工的产品质量特性值却不完全相同，这就是产品质量的波动性。产品质量波动既是客观存在的，具有普遍性；其波动又服从一定的分布规律，具有规律性。一般可以把产品质量波动分为正常波动和异常波动两类，如表3-8所示。

表3-8　产品质量波动的分类

分类	现象与原因
正常波动	正常波动指由随机原因引起的产品质量波动。正常波动的产品质量特性值虽然存在差异，但其差异往往较小，对产品使用性能的影响在允许范围内。产品质量的正常波动是由随机原因引起的，随机原因是指在产品加工制造过程经常、大量存在，在现在技术条件下难以消除或消除成本太大的原因 在一定的生产技术条件下，我们用"公差"来表示允许和限制产品的正常波动在生产过程中的存在，并且只能通过提高生产技术水平来减少正常波动。因此，仅有正常波动的生产过程，我们称之为处于控制状态的生产过程，表示所生产的产品质量处于稳定状态
异常波动	异常波动是指由系统原因引起的产品质量波动。异常波动的产品质量特性值的差异较明显，对产品使用性能所产生不良的影响已超出允许范围。产品质量的异常波动是由系统原因引起的，系统原因是指对产品质量波动的大小和作用方向具有一定的倾向性、周期性的原因，这类原因在产品加工制造过程并非大量，也不是经常存在，但一旦存在就会使产品质量特性值产生较显著的差异。因此，异常波动在生产过程中是不允许存在的。统计控制的质量管理方法，能识别生产过程的这类质量波动，通过消除异常波动使生产过程处于稳定状态

3.2.3.2　产品质量波动的主要影响因素

对引起质量波动的原因，从质量控制的角度可分为上述的随机原因和系统原因两大类，这有利于掌握产品质量波动的规律性，但这两大类原因在生产加工过程中，可在不同的环节中出现，因而产品质量波动的影响因素还需按产品的提供过程做具体分析，以便在质量控制中采取有效的措施。按产品提供过程来分析，产品质量波动的影响因素可归纳为六个主要因素，如表3-9所示。

表3-9　产品质量波动的主要影响因素

因素	含义
人	操作者的质量意识、技能水平、知识水平及各方面的素质等
机器	机器设备及相关部件的装备水平、精度以及保养维护状况
材料	原材料、辅助材料的化学与物理性能、外观质量以及完好程度
方法	生产流程、加工工艺、作业指导书
测量	测量方法、测量仪器

续表

因素	含义
环境	工作地的温度、湿度、照明及卫生条件等

这六个影响产品质量波动的主要因素，可用于所有产品的质量状况分析与控制。人们必须通过在产品加工过程中分析和控制这些因素，才能有效控制质量波动，提高产品质量和保持产品质量稳定。

3.2.3.3 过程质量控制

过程是指一组将输入转化为输出的相互关联或相互作用的活动。过程由输入、输出、活动和资源四个要素组成。输入是实施过程的依据和要求；输出是过程完成后转化的结果；活动是将输入转换为输出的动因；资源是转换的条件。

对制造业企业来说，过程质量习惯上也称为工序质量，即这里的"过程"不是广义上的过程，而是产品加工制造的过程。过程（工序）质量用该过程输出的产品质量的波动幅度表示。产品质量特性值的波动越小，说明产品质量越稳定；反之说明产品质量越不稳定。在企业中常用生产过程输出的合格率、废品率、返修率等表示过程（工序）质量的高低。控制过程质量，可通过对人、机器、材料、方法、测量、环境六大因素的控制来实现。

过程质量控制的方法如表3-10所示。

表3-10 过程质量控制的方法

方法	含义
识别关键过程与特殊过程	关键过程是指产品在生产加工过程中形成产品关键特性的过程。所谓关键特性是指那些不符合规定要求则会导致产品的安全性或功能性丧失的质量特性
	特殊过程是指对生产和服务过程所形成的结果不能或难以通过其后续的测量和检验来证实是否达到了规定的要求，其隐含的缺陷可能在交付顾客使用过程中才能凸现出来的过程
	在产品生产过程的策划中，应通过对产品的质量特性、产品生产所需的过程一一进行分析，识别出关键过程和特殊过程，作为过程质量控制的重点
确定过程质量控制点	目的是为了在过程质量控制中突出控制的重点和特点，充分而有效地对过程质量进行控制
	依据特征：① 形成关键质量特性的关键部位 ② 工艺上对后续过程有重大影响的部位 ③ 不符合规定要求则会造成严重的经济损失的部位 ④ 现时产品质量的薄弱部位
质量控制文件	作业指导书，如工艺规程、产品示意图、操作规程等
	过程原始记录，如设备检查记录、工艺实施的原始记录等

【案例3-3】 某公司机加工班以"换位意识"抓质量管理

某公司机加工班班长认为,产品质量是生产出来的。要保证产品质量,必须坚持把质量问题解决在产品生产过程中,并且要求员工在生产过程中树立"换位意识"。

所谓"换位意识",就是上道工序是市场经济中的"卖方",下道工序是"买方",是上道工序的"用户"。如果"卖方"质量存在问题,则"买方"可拒绝购买,不合格品就无法继续"流通"下去。为此,他们为各道工序制订了严格而详细的作业标准。正是通过这种"买卖化"的独特的质量管理方式,变单纯的事后控制为事前预防、事中控制、事后总结提高的管理模式,形成了每个员工集生产者与检查者于一身,人人严把质量关,强调第一次就要把事情做好,追求零缺陷的局面,从而实现了"3N"的工序质量控制目标,即:不接受不良品,不生产不良品,不转交不良品,达到了"不良品流转率为零",确保最终生产出近乎完美的零缺陷产品。

➢ 3.2.4 如何开展现场质量管理?

生产现场质量管理的任务是对产品加工、制造、服务等过程实施质量控制和质量改进,目的是防止不合格的发生和对不合格的控制,不断减小产品质量的波动,提高产品的合格率。具体做法如表3-11所示。

表3-11 生产现场的质量管理

项目	具体要求
抓好每道工序的质量	产品是经过一道道工序生产出来的,每道工序都有自己的质量标准,只有每道工序严格按照质量标准进行生产,一环扣一环,才能从整体上保证产品质量
合理选择检验方法	产品生产是一个复杂的过程,生产过程中必须包含一个同时存在的检验过程。在检验过程中,一要设置好检验点,二要抓好检验方法和方式的运用。做到预防为主,确保质量
切实履行三检结合制度	为了保证质量,要充分发挥检验队伍的作用,要实行职工与技术人员相结合的检验模式,贯彻在生产过程中以自检、互检为主,半成品和成品以专职检验为主的三检结合的检验原则。无论是自检,还是互检或专检,对质量问题都必须采取"零容忍"
掌握质量动态,进行工序控制	为了充分发挥生产过程质量控制的预防作用,必须经常掌握班组在一定时间内产品质量和工作质量的现状,通过原始记录进行质量状况的综合统计与分析
认真做好在制品的摆放、存储	生产过程中的毛坯、半成品和成品要摆放在一定的、合适的位置,尤其是检验出来的正品与不合格品一定要有明显标识,避免混淆,不合格品中的废品要倒入废品堆,返工品要及时进行返工处理。正品要及时进行清洗、去磁、防锈、入库处理

【案例3-4】 某金属制品有限公司二车间冲压班实施首件检验制度效果显著

某金属制品有限公司二车间冲压班生产M-47产品。曾经发生过因为一位工人失误造成整个一个班的产品报废的恶性质量事故。经过调查，是因为这位工人过于自信，上班第一件产品未调整好，未及时发现质量偏差，结果造成严重的经济损失。此事之后，班组认真总结经验教训，狠抓质量管理，制订了一条"首件检验"制度，即任何人上班的第一件产品，无论是新产品，还是老产品，都必须经过自检、互检和质量检验员专检，确认后方可正式生产。二车间冲压班自实施首件检验制度后，效果显著，一是员工质量意识明显增强，二是产品质量比原来有明显提高，三是再也没发生过任何质量事故。

▶ 3.2.5 如何开展辅助生产过程和使用过程中的质量管理？

辅助生产过程包括物资供应、动力供应、工具供应、设备维修、物料运输等，这些工作也会对产品质量带来一定影响。产品的使用过程是考验产品实际质量的过程。产品质量好坏，主要看用户的评价，因此质量管理必须从生产过程延伸到使用过程。尽管这些工作大多由企业专门部门负责，但班组也应积极与相关部门沟通，使影响产品质量的任何不良因素都能及时消除。这两部分工作的具体要求如表3-12所示。

表3-12 辅助生产过程和使用过程的质量管理

分项	具体要求
辅助生产过程	① 辅助生产过程必须为生产过程提供良好的生产条件 ② 辅助生产部门应提高服务质量，做到及时供应、及时维修、方便生产 ③ 抓好辅助生产部门的各项工作质量，为生产优质产品提供可靠保证
使用过程	① 对用户开展技术服务工作 ② 对用户进行使用效果与使用要求的调查 ③ 认真处理出厂产品的质量问题

▶ 3.2.6 班组质量管理的其他措施有哪些？

班组是质量管理的现场，企业质量管理的一切目标和措施都必须通过班组管理来实现。作为班组管理层，除了按照企业质量管理的部署和要求完成各项质量指标外，还应具体抓好如表3-13所列的各项基础工作。

表3-13 质量管理的其他基础工作

项目	具体措施
经常开展质量教育与培训	质量教育是指端正班组成员对待质量的态度，强化质量意识，开展全面质量管理活动；进行质量管理知识和管理章程的培训，进行精准使用检测仪器等的培训，掌握保证和提高产品质量的方法和技能；通过经常性的不断宣传教育，潜移默化地让所有员工牢固树立"质量第一""有品质才有市场"的观念，提高人员的思想素养水平
加强标准化建设和质量计划工作	标准化是产品质量保体系的基础。没有标准化，就没有高质量的产品。班组标准化建设的任务，就是围绕企业的技术标准、业务标准、工艺标准，结合本班组的实际，制订各项管理和考核标准，并检查督促班组全体人员提高思想认识，认真贯彻执行各项标准，从而高质量地完成产品生产任务。班组还应针对性地有计划地让每道工序、每个零件的质量都优于技术标准，同时制订相应的质量改进计划，以不断地提高产品质量
加强工序质量控制	实现工序质量控制，就是建立质量控制点，把在一定时期内和一定条件下需要特别加强监督和控制的重点工序、部位或质量特性项目，明确地列为质量管理重点对象，并采取各种必要的手段、方法和工具，对其加强管理。对现代工业产品来说，要设多少质量控制点，应在对它的整个工艺过程分析的基础上明确规定下来，然后对每个质量控制点订出详细的操作规程，对其严加控制和管理 产品应实现过程质量控制： 按照图纸工艺做→自检、自查不错过→自检结果单上填→专检项目必交检→ 　　┌─合格→走下一道工序←──────────┐ 　　├─不合格→调试 ────→ 复检→合格 　　└─零件→返工─────↗ 　　　　　　报废
加强质量管理组织建设	班组应组建质量管理小组（即QC小组），这是实现全员参加质量管理活动的有效形式，是质量保证体系的基础组织。在此基础上，运用系统的原理和方法，把各环节的质量管理活动科学地组织起来，形成一个责权分明、相互协调、相互促进的有机整体
充分利用质量看板，加强质量信息反馈	及时收集、反馈、处理生产流程中的质量信息，这是控制质量、保证质量不可或缺的重要一环。班组可以通过质量看板等建立生产过程的质量监督机制，使班组全体人员互通信息，随时可以了解产品的质量状况，及时发现问题，集思广益解决问题，避免生产过程中因技术不稳定或人为因素造成状态失控，导致某些质量缺陷潜伏下来，流转下去，质量信息反馈机制和相应形式可将质量隐患消灭在萌芽状态，也可使质量事故有可追查性，从而加强了质量管理，保证产品质量优良

续表

项目	具体措施
加强班组质量责任制	班组对每个人都明确规定其在质量工作中的具体任务、责任和权限，做到质量工作事事有人管，人人有专责，办事有标准，工作有检查。要建立不折不扣的自检、互检、专检相结合的检测制度，决不允许有问题的在制品流到下一道工序

3.3 质量管理的常用工具与技术

在长期的质量管理实践中，积累、形成了许多有效的质量管理方法、工具和技术，其中在企业中最为常用的有排列图、直方图、控制图、散布图、调查表、因果图和对策表。身处生产一线的班组人员，可根据实际情况，熟悉和掌握其中的某二、三项方法、工具和技术，有助于提高质量管理、质量控制和质量改进的效率和有效性。

➢ 3.3.1 排列图

排列图由一个横坐标、两个纵坐标、几个按高低次序排列的矩形和一条累计百分比折线组成。如图3-1所示。

排列图是一种运用数据统计分析，将多个对质量现状产生负面影响的因素从主要到次要进行排列的一种图示工具与技术，是著名的质量管理专家朱兰博士，将柏拉图法则运用于质量管理中而创建的。

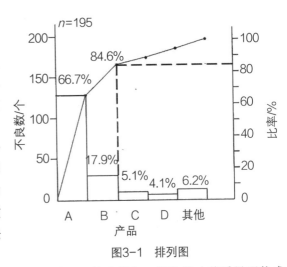

图3-1 排列图

排列图的基本原理是"重要的少数与无关重要的多数"，即在影响着质量现状或某事件发展趋势的多因素或要素中，起着主要的、决定性影响的往往是少数的要素或因素，这也称为80/20原理。

【案例3-5】 某轴承厂磨工班产品质量排列图

某轴承厂磨工班加工轴承套圈，第一季度有不合格品质件589件，其中平面加工不合格36件，内径371件，外径37件，内沟53件，外沟92件。

按照分层统计的要求，将数据依大小排列，并计算出比率和累计比率，如表3-14所示，然后根据数量画出排列图，见图3-2。图3-2排列图的左边纵坐标是废品发生件数（频数），右边纵坐标是废品发生的频率百分数，横坐标是影响产品质量的因素。显然，在此例中统计标志为产生废品的工序。图中的每一直方柱子表示产生废品的件数，是按各工序产生废品的多少依次排列。图中的曲线也称帕累托曲线，是表示因素影响大小的累计百分数。

表3-14　和累计比率对照表

工序	数量/件	比率/%	累计比率/%
内径	371	62.99	62.99
外沟	92	15.62	78.61
内沟	53	9.00	87.61
外径	37	6.28	93.89
平面	36	6.11	100.00
合计	589	100.00	

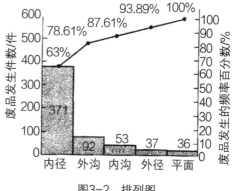

图3-2　排列图

3.3.2　直方图

直方图是由一系列宽度相等、高度不相等的矩形表示的数据分布图，矩形的宽度表示数据范围的间隔，矩形的高度表示在给定间隔内的数据频数，如图3-3所示。

直方图是一种定量地表示质量数据平均值和分散程度的图示工具。平均值表示质量数据的分布中心位置，它与标准中心越接近越好；质量数据的分散程度越小越好，表示质量稳定。

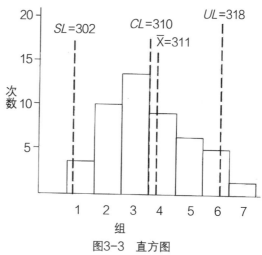

图3-3　直方图

3.3.3　控制图

控制图由控制中心线CL、上控制界限UCL和下控制界限LCL及按时间顺序抽取的样本统计量数值的描点序列组成。横坐标表示时间或样本号，纵坐标表示样本统计量数值，如图3-4所示。

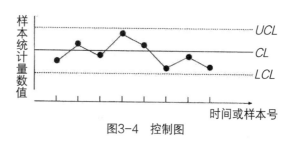

图3-4　控制图

控制图是描述生产过程中产品质量特性的时间序列图,根据该时间序列同控制中心线和上下控制界限的对照关系来判定生产过程是否处于稳定状态,控制图上的控制界限是区分正常波动与异常波动的科学界限。

3.3.4 散布图

散布图是两个指标x和y对应的数据在二维平面上的坐标点构成的图。

研究散布图上成对的数据形成点子云的分布状态,可以知道两个变量之间关系的强弱。6种点子云形状,表明了两个变量之间的6种关系,它们是:强正相关、强负相关、弱正相关、弱负相关、不相关、曲线相关,如图3-5所示。

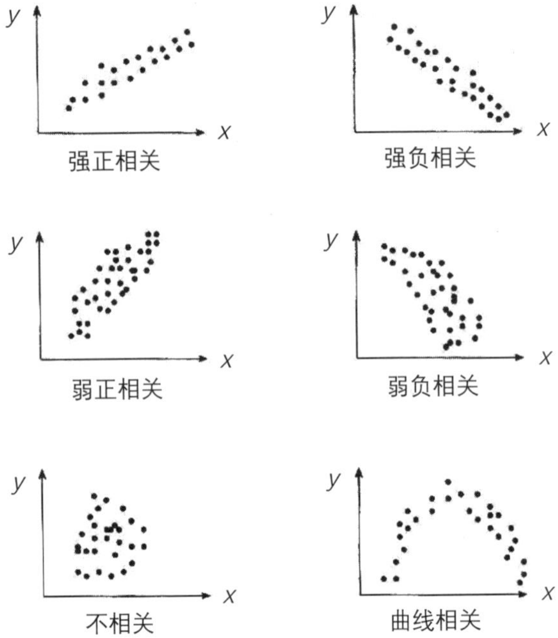

图3-5 散布图的6种形式

3.3.5 调查表

调查表是一种统称,如检查表、统计分析表等多种形式,具有收集、记录、统计等功能的表格工具。

调查表以收集、记录与统计数据资料为主,也可以包含非数据类型资料,一般根据具体需要的不同而自行设计。

调查表没有固定的形式,可随实际的需要不同而由使用者自行设计,灵活应用。调查表的应用关键在于对调查表格式的设计,并要注意标注调查表的调查者、调查时间、调查地点等相关的内容。

3.3.6 因果图

因果图将产品的质量特性与影响它的众多因素,以系统的方式图解,是分析和表达因果关系的一种图形工具。

因果图首先是基于影响过程质量的6个因素——5M1E(人、机器、材料、方法、测量、环境)对质量结果进行分析,再逐一从生产技术和管理等方面由表至里地层层深入剖析,直至将其因果关系系统地、全面地、具体地直观表达。如图3-6所示。

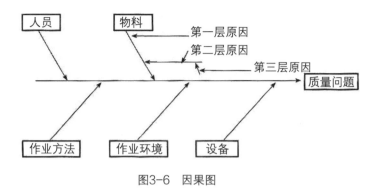

图3-6 因果图

因果图又称为石川图，由日本质量管理专家石川博士提出：某项结果的形成必定有其原因，应设法利用图解法找出其原因。因果图因其形状像鱼刺，也称为鱼刺图。

【案例3-6】 某加工班钳头不良的质量分析

某加工班钳头不良的质量分析因果图如图3-7所示。

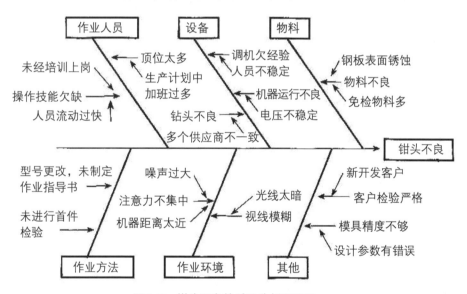

图3-7 钳头不良的质量分析因果图

> ### 3.3.7 对策表

对策表又称措施计划表，是针对质量问题的主要原因（即由因果图分析选定的"要因"）制订的应采取措施的计划表。

对策表所表达的措施应该具体、明确，一般应明确为什么要制订这一措施（Why）、预期达到什么目标（What）、在哪里执行这一措施（Where）、由谁来负责执行（Who）、何时完成（When）、如何做（How）等，即通常所说的5W1H的内容。

第4章 班组生产设备及工艺装备的管理

4.1 班组生产设备管理概述

➤ 4.1.1 何谓设备?

设备是现代化企业进行生产活动的物资技术基础,是企业固定资产的重要组成部分。设备是指人们在生产经营活动过程中所使用的各种机械和装置的总称。

【案例4-1】 现代设备的十大特点

随着现代科学技术的进步以及对设备使用要求的提高,设备在自身性能方面有了很大发展,形成了许多与现代工业相适应的特点。了解这些特点,无疑有助于对现代设备的管理。

概括起来,现代设备具有十大特点。

① 机能高级化。随着现代高新技术的发展,对设备的功能和性能要求越来越高。

② 装置系统化。现代设备是机械、电子、化学、环境、环境安全等各种专门技术的综合体,结构也趋于复杂。管理好这类设备,需要掌握多种知识和技能。

③ 加工精密化。随着人们对产品性能和质量要求的提高,对设备的制造与加工精度也提出了更高的要求。

④ 作业自动化。对生产效率的追求以及人力成本的增加,要求设备能够无需人的干预便能自动完成上下料、加工、甚至检验和作业变换等全部作业任务,使一名作业人员可以轻松地看管更多的设备。

⑤ 操作智能化。现代设备普遍采用计算机控制,使操作变得非常简单,而且能够有效地减少或消除人的失误。

⑥ 安全防错化。防错技术的应用,使设备的运行和操作更加安全,即使操作者出现某种失误,也不会出现人身、机械或产品质量事故。

⑦ 节能环保化。随着全社会对环境保护的高度重视,那些资源和能源利用率

高、原材料转化率高、污染物产生量少的绿色设备越来越受到人们的青睐。

⑧ 一机多能化。一机多能，提高设备的柔性化和利用率已成为一个趋势。

⑨ 结构两极化。某些设备出现超大型化、复杂化的趋势，而另一些设备则朝着微小型、简易型发展。

⑩ 布局流程化。有的按工艺流程、有的按加工对象等，形成流程化的生产线。

➤ 4.1.2　设备如何分类？

一个企业的设备配备的好坏直接表明了企业的生产水平和生产能力。企业的设备包括保证正常生产所配置的技术装备、仪器仪表、检测及控制设施等。不同的企业对主要设备、辅助设备的认定不尽相同。企业中的设备大致可以分为如表4-1所示的几类。

表4-1　设备的分类

类别	定义
生产设备	直接改变原材料的属性、形态或功能的各种工作机械和设备
动力设备	用于产生电力、热力、风力或其他动力的各种设备
传输设备	用于传送电力、热力、风力、其他动力和固体、液体、气体的各种设备
运输设备	用于载人或运货的各种运输工具
管理设备	企业中用于经营方面的设备
公共福利设备	企业中用于生活福利方面的公益设备

这些设备是否配备给班组，企业会根据具体情况加以考虑。一些大型企业对于管理设备（如计算机等）和公共福利设备（如茶水设备、甚至连供加热午餐用的微波炉等）都会配备。

➤ 4.1.3　何谓设备管理？

设备管理是指企业为了使设备寿命周期费用最经济，而对设备采取的一系列技术、经济、组织措施等管理活动。设备管理工作是全过程的管理活动，应从设备的研制、购买、使用、维护、更新、直至报废的全过程进行综合管理。设备管理的好坏直接影响企业的发展和企业的经济效益。设备管理可分为两个阶段，如表4-2所示。

表4-2　设备管理的两个阶段

阶段	管理任务	班组责任
前期管理	设备投入使用前的前期管理阶段，主要包括：为了实现企业发展规划而制订的设备配备规划、企业外购或自制设备计划、设备安装和调试等工作	根据生产需要申报设备购置计划；根据使用经验提供采购建议；对新添设备进行安装、调试、验收

续表

阶段	管理任务	班组责任
使用期管理	设备投入使用后的后期管理阶段，主要包括：投入生产使用后的管理、维护保养和大中修管理、更新改造管理、设备转让和处置管理	加强在用设备的维护与保养；根据设备状态及时提供维修计划；根据生产需要提供设备更新改造建议

设备管理历来被企业高度重视。在现代企业管理阶段，设备管理综合了设备的工程技术、财务、管理、经济等方面的内容，从系统的角度来考虑设备的综合性管理，它提出了设备可靠性、维修性设计的理论和方法，强调设计、使用、费用和信息的综合性，从这个角度考虑设备的寿命，实现全过程的科学管理。

【案例4-2】 某卷烟厂二车间卷包班设备管理的新模式

某卷烟厂二车间卷包班实行现代TPM设备管理模式，走出了一条适合实际的、科学适用的设备管理与维修的道路，摸索出具有自己特色的设备管理模式，以适应快速发展的烟草企业生产的需要，具体工作如下。

(1) 开展设备的零故障、零缺陷管理和效率管理的设备管理方式。

(2) 加强设备管理和维修队伍成本观念的建设。

(3) 以节能降耗、提高设备效能为目的展开设备的维修工作。

① 优化各种检修方法加强设备的维修效果；

② 推进修理、改进、改造相结合的维修方法；

③ 追求维修成本最低化的维修；

④ 加大自主维修的工作力度；

⑤ 提倡修旧利废，降低维修费用；

⑥ 结合多种维修方法，实现维修降耗的目的。

(4) 全面实行TPM现代设备管理新模式。

① 确立新的管理目标，完善设备管理考核内容。

② 大力推进现代化管理方法和手段，不断深化点检定修制：点检定修制是以点检制为核心的设备管理模式，它将围绕设备的点检、定修、使用三者进行展开，点检是定修的基础，定修是点检的目的，设备的良好使用是最终的目的。点检员要随时掌握设备技术状态，并按状态决定设备的检修内容，安排检修时间，提出备件计划，有效地防止设备失修或过剩维修，实现从点检中发现问题到定修中具体解决问题，体现发现问题比解决问题更重要的预防为主的管理理念。

③ 加强技术培训，提高职工技术素质。

④ 建立设备管理的激励机制和自我约束机制。

⑤ 大力进行计算机管理，以提高工作效率和工作质量。

4.1.4 设备管理的目标、任务与内容有哪些?

4.1.4.1 设备管理的目标

传统的设备管理只是要求保证设备经常处于良好的运转状态。对企业来说,保持设备良好的运转状态只是手段,不是最终目的。现代企业设备管理的目标则不仅要保持设备良好的运转状态,而且要取得良好的设备投资效益。

4.1.4.2 设备管理的任务

设备管理的任务就是为企业生产提供先进适用的技术装备,使企业的生产经营建立在技术先进、经济合理的物质基础之上。要实现上述目标,设备管理必须做到如表4-3所示的几方面。

表4-3 设备管理的任务

任 务	具体要求
实行设备的综合管理	将设备的整个寿命周期作为一个整体进行全面、全过程、全方位的管理
保持设备完好率	不同企业、不同设备对完好率的要求应有相应的规定
维持较高的技术装备条件	要不断改善和提高企业的技术装备素质,根据生产经营发展的要求,及时改造更新设备
充分发挥设备的效能	对于设备效能的要求,不仅要有较高数量利用率、时间利用率,还要有较高的强度利用率

为此,必须坚持表4-4所列的五项措施。

表4-4 为了完成设备管理任务采取的措施

目 的	措 施
为了完成设备管理任务	① 坚持设计、制造与使用相结合 ② 坚持维护保养与计划检修相结合 ③ 坚持修理、改造与更新相结合 ④ 坚持技术管理与经济管理相结合 ⑤ 坚持专业管理与群众管理相结合

4.1.4.3 设备管理的内容

设备管理过程是从实物形态(即设备的技术管理)与价值形态(即设备的经济管理)两个方面进行全面管理的过程,具体内容如表4-5所示。

表4-5　设备管理的内容

项目	具体内容
设备的技术管理	① 设备的规划、选型、购置（或设计和制造）与评价。根据技术上先进、经济上合理、生产上需要的原则，规划、选择设备，并进行技术经济论证和评价，以确定最佳方案 ② 合理使用、检查、维护保养和修理。根据设备的特点，正确、合理地使用设备，安排生产任务，以减轻设备的损耗，延长使用寿命，防止出现设备和人身事故；减少和避免设备闲置，提高设备利用率，合理制订设备的检查、维护保养和修理计划及采用先进的检修技术 ③ 改造与更新。根据企业生产经营的规模、产品品种、质量和发展新产品、改造老产品的需要，有计划、有重点地对现有设备进行改造和更新 ④ 设备的日常管理。主要包括资料管理、技术人员培训和管理等 ⑤ 建立和完善设备档案。建立设备档案，对于评估设备的工作能力、估算设备的经济价值、适时地进行设备维修等都有十分积极的作用，对于挖掘设备潜力、合理改造设备、延长设备使用寿命也有着直接的帮助，设备档案是否健全，直接影响企业的设备管理效果
设备的经济管理	最初的投资（包括：自制设备的开发研制费、生产制造费用；购买设备的一次性购置费用）
	使用中的经济核算（包括：折旧费、维修费、备件占用费、更新改造费）
	设备报废处理所获得残值的销账及核算

4.2　班组设备的使用、维护与改造

▶ 4.2.1　班组设备如何合理使用？

在生产设备的物质运动形态中，设备的使用所占的时间比例最大。设备的使用管理决定着生产设备的管理成效，它是保持设备的工作性能和精度的有效途径，也关系着班组的安全生产状态和班组的经济效益，合理使用设备能延长设备的使用寿命，并能避免设备故障的发生。班组在合理使用设备方面应做好如表4-6所示的几项管理工作。

表4-6 合理使用设备应做好的管理工作

项目	管理工作内容
正确配置设备，合理安排生产任务	由于设备的原理、结构不同，其性能、使用范围和工作条件也不同。因此，要根据设备的技术条件合理安排生产任务和设备的工作负荷，要保持设备利用率，但不要使设备在超负荷或超工作范围状态下工作，也不要使设备低负荷工作或精机粗用。这是合理使用设备的第一步，需要与生产管理的其他方面相协调和配合
完善制度管理，严格执行操作规程	正确制订和执行设备的操作规程，是正确使用设备的最重要的措施，要根据各生产设备的技术要求和使用特性，组织专业技术人员编写相应的操作规程，使设备的操作、使用规范化，并采取相应的措施保证这些设备的操作规程得到有效的执行。车间设备的使用必须满足操作设备的"三好""四会""四项要求""五项纪律"
	三好：管好、用好、修好
	四会：会使用、会保养、会检查、会排除一般故障
	四项要求：整齐、清洁、润滑、安全
	五项纪律：① 实行定人定机、凭证操作；② 保持设备整洁，按规定加油；③ 遵守操作规程和交接班制度；④ 管好工具和附件；⑤ 发现故障应停机检修
加强岗位培训，合理配备操作人员	设备操作人员的素质及操作技能，是合理使用设备的根本保证。要通过岗前和在岗培训，进行技术教育、安全教育和业务管理教育，保证设备操作人员达到应知、应会的要求，熟悉和掌握设备的性能、结构等知识以及设备的操作、维护保养等技能，不仅在正常状态下能使用设备，而且对异常情况能进行妥善处理
营造合适的设备运行环境	良好的工作环境，是保持设备正常运转，延长使用寿命，保证安全生产的重要条件。企业应根据设备性能要求，为设备创造良好的运行环境，包括必要的防震、防潮、防尘及安全防护措施
严格贯彻岗位责任制	设备使用的各项管理工作必须在岗位责任制中得到落实。操作工人的岗位责任制内容包括基本职责、应知应会、权利义务、考核办法四大部分。随着企业管理的深入发展，目前已将岗位责任制与企业经济指标及效益挂钩，并分解落实到人，实行逐项计算

▶ 4.2.2 班组设备如何进行维护保养？

生产设备在使用过程中，由于不断地运动，导致机械磨损和技术性能变差，甚至会出现故障。设备的维护和保养，就是通过润滑、清洁等方式降低设备的机械磨损，及时发现和处理设备在运行过程中的细小异常问题，防止由小异常而引发大故障，保证设备正常运行，延长设备的使用寿命。

根据设备维护保养工作的深度和工作量的大小，维护保养工作可分为表4-7所示的四个级别。

表4-7　设备四级保养制

保养级别	保养时间	保养内容	责任人
日常保养	每日班前、班后	擦拭、清洁设备外表，润滑，检查并紧固松动的部件	设备的操作人员
一级保养	设备累计运转500小时进行一次保养，保养停机时间8小时	对设备进行局部拆卸，消除螺钉松动，清洗、润滑及调整	设备的操作人员为主，专职维修人员协助
二级保养	设备累计运转2500小时可进行一次保养，保养停机时间约32小时	对设备内部进行清洁、润滑，局部解体检查和调整、修理，更换少数零件，校准精度	专职维修人员为主，设备操作人员协助参与
三级保养	半年以上进行一次保养（按三班制计算）	对设备主要部分进行解体检查和调整，更换已磨损部件，恢复设备的精度	专职维修人员

二级保养相当于小修，三级保养相当于中修。保养、检查、修理是不同的环节，各有不同的内容和重点，不可相互替代，但相互之间又彼此渗透、交错，形成设备的保养与修理有机结合。

班组设备的管理通常从如表4-8所示的两方面着手。

表4-8　班组设备的管理

项目	具体要求
设备状态必须达到"三清""四无""六不"	三清：设备清、场地清、工具清 四无：无积尘、无杂物、无松动、无油污 六不：不漏油、不漏水、不漏电、不漏气、不漏风、不漏物料
必须做好设备的维护与保养	① 坚持"维护保养为主、维修为辅"的原则 ② 有计划地坚持四级保养制 ③ 实行区域检查、保养、维修的岗位责任制 ④ 做好设备状态监测工作 ⑤ 有计划地对设备进行更新、改造

➤ 4.2.3　班组设备如何实施维修？

4.2.3.1　设备的检查

设备的检查是对设备运行情况、工作精度、磨损程度进行检查和校验。检查是设备维修和管理的一个重要环节，通过检查，及时查明和消除设备的隐患，针对发现的问题，提出改进设备维护的措施，有目的地做好修理前的准备工作，以提高修理质量和缩短修理周期。设备检查的分类如表4-9所示。

表4-9　设备检查的分类

分类方法	类别	具体含义
按时间间隔分类	日常检查	在交接班时，由操作人员结合日常保养进行的检查，以便及时发现异常状况
	定期检查	按照计划日程表，在操作人员的参与下，由专职维修人员定期进行的检查
按检查的性质分类	功能检查	对设备的各种功能进行检查和测定，以确保产品的使用性能和质量
	精度检查	对设备的加工精度进行检查和测定，以便确认设备的精度是否符合要求，是否需要调整

4.2.3.2　设备的修理

设备的修理是指修复由于正常和不正常的原因造成的设备损坏或精度劣化，通过修理或更换磨损、老化、腐蚀的零部件，使设备恢复到完好的性能和应有的精度。

设备修理的种类分为小修、中修和大修。大修也叫恢复修理，是将设备全部拆卸、更换、修复全部的磨损部件，校正、调整整台设备，对设备进行全面的修理，具有设备局部再生产的性质，修理工作量大，耗时和耗资多，一般是结合企业生产设备的实际情况，一年或几年一次。经大修后的设备要求恢复到原有的精度、性能和生产效率。设备的修理方法如表4-10所示。

表4-10　设备的修理方法

类别	工作目的和操作方法
标准修理法	这是一种根据设备的磨损规律和零部件的正常使用寿命，预先制订修理计划并严格执行修理计划的方法。修理计划包括设备的修理日期、修理项目和工作量等内容。到了规定的日期，不论设备的实际运行状况如何都按计划进行修理。这种修理方法适用于生产流程中的关键设备，能够最有效地保证设备的正常运转，并使其修理有充分的计划性
定期修理法	这是一种既有修理计划，又考虑设备的实际使用情况的修理方法。事先根据设备以往的修理信息，制订设备修理计划，初步规定修理的大致时间和内容，而确切的修理日期、内容和工作量则依据计划修理前的检查结果来决定。这种方法既有计划性，便于做好修理前的各项准备工作，保证修理的效率，又切合设备的实际运行情况，不会造成浪费

续表

类别	工作目的和操作方法
事后修理法	这是一种无需修理计划，设备出故障后随即修理的方法，也就是设备什么时候出故障，就什么时候进行修理；设备不出故障就不考虑修理。这种方法适用于生产线上对生产流程影响不大的设备，特别是设有备品的设备
部件修理法	这是一种先更换再修理的方法。将有故障的零部件拆下来，更换上事先准备好的同样零部件，然后对更换下来的有故障的零部件再进行修理。这种方法有利于减少因修理而对生产造成的影响，但需要有一定数量的零部件用作周转

班组的设备修理一般是多种方法的综合应用，既要有计划性，又要切合生产实际情况。

【案例4-3】 某金属制品厂一车间冲裁班设备管理的问题及其对策

（1）冲裁班设备管理现状调研。冲裁班生产设备主要包括剪板机、卷板机、冲压成型机和压力机等，为了使冲裁班的设备发挥到最佳状态，必须对冲裁班设备进行系统的全面质量管理。为此，某金属制品厂对冲裁班的设备管理进行了一次深入细致的调研，发现存在以下问题。

① 冲裁班设备管理基本处于应急维修为主体、设备保养为辅助的状态，经常出现何时用坏何时修的现象，虽然也有计划地进行设备保养工作，但经常由于生产任务急等情况，不能完全实行有计划地维护、检查、修理。

② 维修不规范。维修工维修设备时，经常出现使用维修零件不规范的现象，这种情况主要是由于有的地方调整比较麻烦，更换备件比较耗时间，有的可能是没有备件更换，为了最快速度地让设备运转起来，维修工或操作工经常进行不规范维修。

③ 操作工对设备管理水平低。每天5~8分钟的日常保养和试运转，有的操作工认为时间太长，他们经常不到保养时间就把设备开起来。

④ 单纯的片面的任务观作祟。为了完成生产任务，操作工经常小病不报修，甚至不让修。有时，维修工巡检发现问题想进行维修时，操作工常回答的是"一直都是这样的，不要紧的、可以开的"。为了赶任务，操作工经常不让维修工进行维修。维修工为了避免发生不必要的冲突，免得出力不讨好，也就经常放弃维修。

⑤ 备件库存存在一定问题。现在为了降低备件的库存，有的备件经常是设备停了才做急件买；有的备件由于供货商单一，造成购买周期长、备件质量差。

⑥ 维修工更愿意处理重大问题。有的人认为处理重大问题领导能看到，领导会给他一个很好的评价。没人看得见的小问题如跑、冒、滴、漏等不愿意处理，认为技术难度低，处理了也没有人知道。

⑦ 维修工的维修技能有待提高。设备维修保养，要求动手能力非常强，没有三年以上的维修经验很难说自己就是一个合格的维修人员，这是一个循序渐进的过程，不是经过短期培训就能熟练掌握的。基本功只能在日常工作中，一边工作，一边加

强，而部分年轻人急功近利，不能静下心来花时间提高基础动手能力，造成对实践性基础训练的热情度不高，自身技术水平的提高相对缓慢。

⑧ 出现问题，相互推诿责任。操作、维护与保养这三方面是相辅相成的，其中任意一环节出现问题对生产都会产生很大影响。然而，当设备出现故障影响到生产时，特别是存在考核时，却将存在的责任相互推诿：操作人员怪维修人员点检不到位，维修人员怪设备保养未做好等现象屡见不鲜。

(2) 冲裁班设备管理对策。为了改变上述设备管理的不良现状，冲裁班通过认真讨论，深入分析研究，决定有针对性地采取如下设备管理对策。

① 贯彻"以生产为中心，技术管理为重点，养修并重，预防为主"的方针政策，加强各类机器设备的管理。

② 坚持"保养为主、维修为辅"的原则，冲裁班设备管理的核心问题就是运作效率，提高运作效率最好的方法：一是对设备进行规范的保养，要做好保养，首先应该规范保养内容、缩短保养周期；二是转变观念，让被动保养变为主动保养。

③ 提高维修工的维修技能。首先修理工应加强自学，其次班组应经常进行内部技术交流活动，有必要时还应组织外出参观学习。通过建立完善的技术考核管理体系，不断提高设备维修人员的维修技能。力求做到"四懂三会"（懂原理、懂构造、懂性能、懂用途、会操作、会保养、会排除故障）。

④ 实施全员参与的设备保全制度。通过TPM的系统查找设备现场存在的故障源、污染源、浪费源、缺陷源、危险源等，并不断改进和完善，使设备保持高效的运行状态。

⑤ 加强设备点检、巡检工作。设备点检是科学管理设备的基石，通过点检人员对设备进行点检，准确掌握设备状态，采取设备劣化的早期防范措施，实行有效的预防性维修、保养以改善设备的工作性能，减少因故障而停机的时间，延长机器使用寿命，提高设备工作效率，从而降低维护费用。

⑥ 改进配件供应管理模式。不断改进配件供应管理方式，提高备件质量，减少流通环节，缩短供应周期。在备件管理上，借鉴国外先进的"供给连锁管理"模式，力求部门间信息资源共享，提高管理效率，积极推行寄卖制（即供应商在用户方建立配件库，用户根据实际使用数同供应商按月或按季结算配件消耗费用），既保证了配件的正常供应，又降低自己的库存。结合实际，对进口备件进行国产化评估，能国产化的尽量国产化，以便缩短备件的购买周期。

任何生产活动都离不开设备，在现代化生产中更是如此。要使企业生产经营顺利进行，生产任务能出色完成，必须依赖于设备和加强设备的管理。设备管理是个系统工程，需要各方面人员的全面参与、积极配合。工欲善其事，必先利其器，概括而又深刻地阐明了设备在生产中极其重要的作用，充分说明了设备管理在企业中不容忽视的重要地位。

经过半年多的实践和努力，××金属制品厂一车间冲裁班设备管理的现状得到了很大的改善，存在的问题基本上得到了妥善的解决。

➢ 4.2.4 班组设备如何进行更新与改造？

4.2.4.1 设备更新和改造的含义及意义

设备的更新是指用新的效率更高的设备或技术先进的设备，代替在技术上或经济上不宜继续使用的旧设备。设备的更新可分为表4-11所示的两种。

表4-11 设备更新的分类

类别	含义和性质
原型更新	指用结构相同的新设备更换由于有形磨损严重、在技术上不宜继续使用的旧设备。这种简单更换不具有技术进步的性质，只解决设备的损坏问题
技术更新	指用技术上更先进的设备去更换技术陈旧的设备。这种更换不仅恢复原有设备的性能，且使设备技术水平提高，具有技术进步的性质。显然，在技术发展迅速的今天，企业宜采取技术更新

设备的改造是利用先进的科学技术提高企业原有设备的性能、效率，提升设备的技术水平和现代化水平，是设备在品质上的提高。

设备改造与设备更新相比，具有表4-12所列的优点。

表4-12 设备改造的优点

优点	具体体现
具有更好的经济效益	在多数情况下，通过设备技术改造使陈旧设备达到需要的水平，而所需的资金往往比更换新设备少。所以，在许多的情况下设备改造具有更好的经济效益
具有更强的针对性和适应性	设备技术改造与更新相比具有更强的针对性和适应性。经过现代化改造的设备更能适应生产的具体要求，它是促使企业技术进步，提高企业经济效益，节约基本建设投资的有效措施与途径

显然，设备更新和改造的意义都在于促进技术进步，发展企业生产，提高经济效益。

4.2.4.2 设备更新和改造的依据

设备更新与改造是一项长期而复杂的活动，班组应根据需要和可能，有计划、有步骤、有重点地进行，而且应遵循有关技术政策和技术发展的原则，进行充分的市场调查和技术经济可行性论证，对设备经济的使用年限，更新方式及设备选择做出最佳的抉择。

设备的更新和改造要依据设备的磨损与寿命周期原理进行。设备的寿命是指设备从投入生产开始，经过有形损耗和无形损耗，直到在技术上或经济上不宜继续使用，需要进行更新所经历的时间。设备的寿命按其性质可分为表4-13所示的三种。

表4-13 设备寿命的分类

类别	含义及成因
自然寿命	也称物理寿命，是指设备从全新状态投入生产开始，经过有形损耗，直到在技术上不能按原有用途继续使用为止所经历的时间。自然寿命是由于设备的有形磨损引起的，延长设备自然寿命的措施是进行有效的设备保养、维护与修理
技术寿命	技术寿命是指设备从全新状态投入使用以后，由于技术进步，出现了先进的新型设备，使原有的设备因技术落后而被淘汰所经历的时间。技术寿命是由设备的无形磨损引起的，技术进步越快，设备的技术寿命就越短
经济寿命	经济寿命是由设备的使用成本大小来确定的设备使用寿命。在设备自然寿命的后期，由于其性能逐渐劣化，需要依靠高额的维修费用才能维持其运行，在这种情况下，如果继续使用下去，在经济上是不适宜的，因此应及时更新。设备经济寿命是设备综合管理的一个重要指标，是设备更新与改造决策的重要依据

设备更新改造的时机，一般取决于设备的技术寿命和经济寿命。有些设备在整个使用期内并不过时，也就是在一定时期内还没有更先进的设备出现，但由于使用过程中的有形损耗，结果引起维修费用及其他运行费用的不断增加，但是由于使用年限的增加会使投资分摊额减少，在最适宜的使用年限会出现年均总成本的最低值，如图4-1所示。而能使年均总成本最低的年数，就是设备的经济寿命，也称之为设备最佳更新周期。

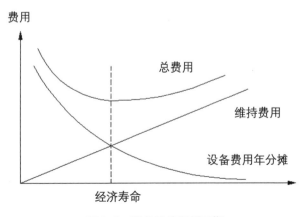

图4-1 设备最佳更新周期

4.2.4.3 设备更新和改造的原则与程序

设备改造必须遵循四项原则,如表4-14所示。

表4-14 设备改造应遵循的原则

遵循原则	具体含义
目标明确原则	从实际出发,按照生产工艺要求,针对生产中的薄弱环节,采取有效的新技术,结合设备在生产过程中所处地位及其技术状态,决定设备的技术改造
至简适用原则	由于生产工艺和生产批量不同,设备的技术状态不一样,采用的技术标准应有区别。要重视先进适用,不要盲目追求高指标,防止功能过剩
经济实惠原则	在制订技改方案时,要仔细进行技术经济分析,力求以较少的投入获得较大的产出,回收期要适宜
力所能及原则	在实施技术改造时,应尽量由本单位技术人员和技术工人完成;若技术难度较大,本单位不能单独实施,亦可请有关生产厂方、科研院所协助完成,但本单位技术人员应能掌握,以便以后的管理与检修

设备改造应基本达到五项目标,如表4-15所示。

表4-15 设备改造的目标

目标	具体要求
提高生产效率和产品质量	设备经过改造后,要使原设备的技术性能得到改善,提高精度和增加功能,使之达到或局部达到新设备的水平,满足产品生产的要求
提高设备运行安全性	对影响人身安全的设备,应进行针对性改造,防止人身伤亡事故的发生,确保安全生产
节约能源	通过设备的技术改造提高能源的利用率,大幅度的节电、节煤、节水,在短期内收回设备改造投入的资金
保护环境	有些设备对生产环境乃至社会环境造成较大污染,如烟尘污染、噪声污染以及工业水的污染。要积极进行设备改造消除或减少污染,改善生存环境
降低修理费用和提高资产利用率	尤其是对进口设备的国产化改造和对闲置设备的技术改造,效果比较显著

设备技术改造的前期和后期管理是整个设备改造的关键之一,一般应按表4-16所示的程序进行。

表4-16 设备改造的程序

项目	具体实施方法
程序一	班组提出设备技术改造项目，报送车间、企业设备主管部门
程序二	经设备主管部门审查批准，列入企业设备技术改造计划。重大设备技术改造项目要进行技术经济分析
程序三	设备技术改造的设计、制造、调试等工作，原则上由设备所在车间负责实施。车间设计或制造能力不足时，可提供详细的技术要求和参考资料，委托设备主管部门或其他单位设计施工
程序四	设备改造工作完成后需经车间和设备主管部门联合验收，办理设备技改增值核定手续和技改成果申报

4.3 班组工艺装备的管理

4.3.1 何谓工艺装备？如何分类？

工艺装备，是产品制造过程中所用的除基本生产设备以外的各种装置和器械的总称，包括工具、刀具、夹具、量具、模具、辅具和工位器具等，简称工装。

工装的分类如表4-17所示。

表4-17 工装的分类

分类方法	类别	具体含义
按照使用的对象分	通用工装	具有多种用途，可用于加工多种产品，或能在多种场合或设备上使用的工装。通用工装又有标准工装和非标准工装之分
	专用工装	指仅有一种用途，只能用于加工某种特定的产品，或只能在特定的场合或设备上使用的工装。专用工装一般由企业自行设计、制造
按照用途分	工具	工具是完成生产作业必不可少的工装，种类较多，专用性强。专用工具一般可分为钳工工具（如台钳、锉刀、刮刀、划线工具等）、电工工具（如电表、电笔、剥线钳、绝缘用品、登高工具、安全带等）和焊接工具（如氧气瓶、乙炔发生器、减压器、压力表、焊枪、割枪、输气管线、焊工防护用品）等。常用的通用工具有活动扳手、榔头、螺丝刀、手电钻等

续表

分类方法	类别	具体含义
按照用途分	刀具	主要是指用于切削加工和磨削加工的工具。其种类繁多，有通用和专用之分。切削加工用的刀具如车刀、铣刀、刨刀、镗刀、钻头、铰刀等；磨削加工用的磨具如各种砂轮、砂轮机、砂轮切割工具、油石、研磨工具、抛光工具等
	夹具	也称卡具，主要指用来装夹、引导工件或刀具、磨具的装置。有通用和专用之分。通用夹具如三爪卡盘、四爪卡盘、虎钳、分度头等；专用夹具如车床夹具、铣床夹具、钻床夹具、磨床夹具等
	量具	指用于过程监视和产品测量的各种计量器具，以及用于产品性能测试的各种检验和试验装置。如各类卡尺、各类千分尺、各类量规、比较仪、水平仪、工具显微镜、三坐标测量仪等
	模具	也称模型，指用于限定产品的形状和尺寸的装置。按其使用的工艺方法分有铸造模、锻压模、冲压模、压铸模、注塑模等。另外，样板也属模具的一种
	辅具	一般指用于机床与工装之间连接或定位的装置
	工位器具	指在生产现场（一般指生产线）或仓库中存放材料、产品或工具的满足现生产需要、方便生产工人操作的各种辅助性装置，如工具箱、零件存放架、分装台（架）、料箱、料斗、栈板等。另外，用于产品加工或检验的工作台等也属于工位器具

▶ 4.3.2 何谓工装管理？工装管理有哪些要求？

工装管理是指对有关工装的配置、设计、制造或购置、保管、使用、维护、修理、更新、报废等进行计划、组织、协调、控制等决策的过程。

工装不同于材料和其他消耗品，它需要在一定的时间和过程中反复多次使用，使用方法、使用时间、保管质量等都会影响工装的使用寿命。

工装也不同于设备和其他固定资产，它是用来完成生产任务的，它占用企业资金，使其不能在其他方面发挥作用，是产品预算造价的一部分。重要工装一般是当作辅助类设备来进行管理的，因此本章有关设备管理的许多理论和方法，也同样适用于对这类工装的管理。

工装的优劣直接影响产品质量和工作效率，好的工装可以省工、省力、省时，可以保证产品质量，保证安全。做好工装管理工作，对提高产品质量和生产效率，具有重要的意义。

工装管理的基本要求如表4-18所示。

表4-18 工装管理的基本要求

项目	类别	具体要求
工装的配置	工装消耗定额	工装消耗定额是确定工装储备定额的计算依据,也是编制工装配置计划的依据。科学地确定工装消耗定额,并制订相应的考核制度,对于增强作业人员精心使用和维护工装的责任心和积极性,以实现优质、高产、低消耗的生产目标,是非常必要的。工装消耗定额的制订方法,主要有技术计算法和经验统计法两种
	工装配置计划	新产品工装配置计划由开发部门提出,增添计划由生产部门或使用车间提出,更新计划由工装管理部门提出。工装管理部门根据生产需求编制工装配置计划,并依据企业现有工装生产能力确定自制、外购或外协加工。开发、增添或更新工装时,应由工艺部门提供工装及产品的设计图样和技术要求
工装的验收		工装管理部门应及时组织工艺部门、质量检验部门、工装制造部门和使用车间、使用班组,共同对新工装进行全面检查,测试和验证的结果应记录于《工装验证报告》中。除了尺寸、外观、性能等检查项目外,对一些重要的夹具、模具等工装还应以试制样品符合图样或实物作为验收标准。对在工作中需承受高压的模具类工装,则必须通过试压验收。经验收确认无问题方可转至工装库保存,允许投入使用。否则,应退回修改或更换,直至合格为止
工装的储存管理	标识建账	所有工装应有明确、清晰的标识。工装入库后应立即登入"工装管理台账"。无论是个人使用或集体使用,都应该建立账目,为生产做好准备。模具类等重要工装还应建立履历卡。车间主任和班组长应了解工装情况,以便在接收任务时心中有数
	存放管理	工装储存执行定置管理,做到物各有其位、位各有其物,并建立工装目视化管理牌,标明工装名称、编号、所在区域和现有状态。存放场所必须保持干燥、整齐、清洁有序。对长期未用的库存工装,应定期进行检查、喷油等维护保养
	备件管理	使用频率较高的工装,应准备有足够的易损配件存放。工装配件必须有明确标识,以免更换配件时发生差错,影响生产计划和产品质量。对于废弃的工装配件,要加以清理,将无用与加工后能再利用者区分开
	发放和收回管理	工装使用时,使用部门应填写"领用单"到工装库领取;工装管理员应确认工装编号规格及技术状况无误后,记录于"工装履历卡"上,并经领用人员签字后发放。工装使用完毕退回工装库时,应由工装管理员先检查退库工装状况是否正常,对重要夹具和模具等工装还应查验"尾件产品检验单",然后核对"模具履历表"上的领用记录,无异常后再将模具擦拭干净、喷油维护、上架存放。如果发现工装有异常损坏或尾件产品不合格,则应隔离存放,安排维修。对维修后的工装应经重新检验或试样合格,方可上架存放

续表

项目	类别	具体要求
工装的使用和维护管理		使用者应正确使用和维护工装。应对使用者实行技术培训，帮助他们掌握工装的结构性能、使用维护、日常检查、定期检查和安全操作等方面的知识。非操作者未经现场主管同意，不可任意操作使用精密夹具及模具等重要工装
		生产过程中的工装由操作者做例行维护，由班组长督导执行。磨损零件的抛光、修复或更换等维修项目由维修工负责
		工装事故的预防和处理参照设备事故的管理办法执行
工装的技术状态管理	模具或精密夹具类等重要工装	应作为辅助类设备进行管理。可参照设备管理的要求制订并实施在用工装使用维护规程、日常检查（点检）和定期检查标准，并纳入设备日常检查和定期检查的内容之中，并作为"三好""四会"的要求对使用者进行考核。亦可应用状态诊断和故障监测技术，以便随时掌握重要工装的使用技术状态，及时安排更换易损件或有缺陷的备件，预防事故的发生
	长期未使用的工装	应根据储存条件，至少每年复查一次；每次接到生产准备计划，均应提前对计划所列工装进行检查。检查内容主要为：有无磕碰、锈蚀、变形，易损部位及易损备件是否完好，账、卡、物是否相符
	量具和检具类工装	应特别注意确保在使用时获得准确、可靠的量值传递。因此，用于企业最高计量标准及用于贸易结算、安全防护与医疗卫生、环境监测等四个方面国家列入强检目录的量具和检具，必须按照规定间隔时间送计量管理部门实施周期检定。对于准确度等级较低的量具和检具，则可采用一次性检定或校准方法。对通过检定或校准的量具和检具，应由计量部门发给检定/校准证书后方可使用。用于监视和测量的计算机软件，应在初次使用前确认其满足预期用途的能力。包括计算机软件在内的所有量具和检具，每次使用前均应确认其技术状态，如有异常则应修理和校准，并应建立和保持确认结果的记录
工装的报废和更新	报废	对于使用时间较长，在生产过程中已严重影响产量质量，且难以维修的工装，经技术、工装两个部门联合确认，应于报废，同时安排制作同种规格的工装
	更新	工装管理部门应至少每年对所有工装的技术状况进行一次调查，依据工装控制流程的规定进行更新

➤ 4.3.3 班组工装管理有哪些制度？

班组的工装管理制度比较多，如表4-19所示。

表4-19 班组的工装管理制度

类别	具体内容
工装的保管制度	① 对入库手续不齐全的工装不准入库 ② 入库后的工装管理员应及时建立档案，按产品、图号划分区域进行保管 ③ 工装入库后应有管理员将准确、清楚的工装卡片悬挂在工装上，同时在点焊工装上用明显的色彩标注清楚编号印记，对冷冲模、钻夹具在空白处打上钢印标记、注明编号等唛头（印记要求：客户名称、产品图号、规格尺寸） ④ 工装储存应防锈、防尘、防碰撞。常用工装应坚持每使用一次保养一次，同时检验一次对不常用的模具每季度保养一次，确保工装完好、准确，并且做好相应的工装保养记录 ⑤ 使用报废或不用的模具、夹具等工装应设有专用架存放，同时标明清楚，不准与合格工装混放，以防发生差错 ⑥ 严格执行工装领用、归还、清理修整、报废等手续，及时地做好登记、销账，杜绝工作拖拉现象，确保生产通畅 ⑦ 每年年终对工装进行一次全面盘点，做到账、物相符
工装的使用制度	① 由班组长根据生产需要填写工装领用单，注明货号、图号、产品名称、数量等要求。一式二联，到工装房领用 ② 库房保管员根据领用单准确登记，做好领用记录，然后发放工装 ③ 领用人在领用时发现该工装上无检验合格证可拒领，并上报生产部 ④ 使用者在当天生产出第一件产品时必须首检，合格后方可使用工装。如发现问题及时与工装库、检验联系进行复检。当天最后一个产品必须末检 ⑤ 使用结束后及时交还工装库，由工装库清理、复位等维修保养、待检 ⑥ 工装库清理、维修保养后的工装必须由检验员检测合格后悬挂上合格证方可归库上架，不合格的工装必须继续整复 ⑦ 在使用过程中严禁敲、砸、磕、碰、撞，以防损坏工装。每班工作结束后对工装必须清理保养 ⑧ 工装在使用过程中发生损坏要进行分析，找出损坏的原因，由品质保证部写出事故分析报告报生产部、技术部会签
工装的维修制度	① 每班工作后必须将使用的工装清扫干净，要经常检查易损件的使用情况，发现有磨损超差或损坏时应及时更换 ② 需要加润滑油的，要按规定要求，定量定时加润滑油；对计量工艺装备要按要求定期由计量部门鉴定 ③ 凡在使用过程中损坏需维修的工装均需填写报修单，由车间主任签字后方可进行修理 ④ 需要外协的维修工装，由工装库管理员填写报修单上报采购部按相关规定执行。外协维修厂家必须提供修理合格证 ⑤ 所有工装在维修后由品质保证部负责验收，验收合格后由工装库管理人员做好相应记录，办理入库

续表

类别	具体内容
工装的报废制度	① 凡属自然磨损不能修复的工装，由工装库提交报废申请、注明理由，相关部门（技术部、品保部、生产部）会审后，办理报废手续报财务 ② 凡属在生产使用过程中损坏的工装，由责任人或车间填写报废单、注明原因报相关部门（技术部、品保部、生产部）会签，经审批后由工装库办理报废手续报财务 ③ 由于工艺或产品改制，工装改版造成的报废由工装库提出申请、注明原因，由技术部、生产部审批后按自然磨损办理报废手续报财务
相关责任界限	① 无合格证工装入库责任由工装库承担 ② 工装发错责任由工装库承担 ③ 在工装库内储存的工装损坏、标名不符、缺损、遗失责任由工装库承担 ④ 不合格的工装挂上合格证入库责任由品质保证部负责 ⑤ 首检不合格，认可合格造成产品不合格责任由品质保证部负责 ⑥ 其他一切造成产品不合格工装的原因均由使用者或车间负责 上述责任事故，均按责任轻重处以一定罚金

【案例4-4】 某淀粉厂生产车间班组工具管理制度

为保证生产工具的正确使用及有效管理，特制订以下制度。

① 淀粉厂负责制订购置计划，行政部门审批后，由集团采购部门购买，淀粉厂负责验收入库，并建立工具领用明细账。

② 由生产车间设备主管负责领取，凭领料单据，实行统一领取发放，建立班组、个人的工具台账。

③ 动力车间公用工具由动力车间设备主管负责领取，由班长负责保管。

④ 电工、机修人员所配发的工具，由其所在班组建立个人工具台账。

⑤ 班组所配发的临修工具，由各班组长负责领用和管理。

⑥ 调出、调入修理人员及新增人员的工具，一律由班组监督办理移交和领用手续，做好移交中的丢失赔偿台账及转移工作。

【案例4-5】 某汽车公司涂装班日常工具管理

某汽车公司涂装班日常工具管理开展以下工作，取得良好效果。

(1) 建立《班组工具配备表》《工具日常点检表》。班前、班后及使用过程中对工具进行自检，发现工具异常及有松动现象应及时到工具维修间进行维修，各工序班组应在工具柜中目视工具配备表，包括工具的名称、型号、编号等内容，并在工具领用、报损时，及时更新班组的工具台账，以便检查核对。每日下班后，工具应放入工具柜内妥善保管，不允许放置在现场，多班生产时，公用的工具由班组长负责管理，每天班后对本班组的工具进行点检，在《交接班记录本》上填写工具交接情况。

(2) "工具样板班组"建设标准。为了让员工有意识地管好、用好、保养好工具，可以试行建立"工具样板班组",用样板工具标准来推动工具管理,从而提高工具的整体管理水平。

(3) 工具定额消耗分析工作。生产工具定额:即每种工具消耗都有历史参考数据,通常情况是根据近两年来某种工具的消耗情况和近两年的产量情况计算出某种工具的单车消耗(定额)。

利用此种方法把所有工具定额都计算出来作为车间工具管理的基础数据,每个月须对工具的消耗情况进行统计分析,然后与定额基础数据进行对比,看是否有某种工具超出定额标准,如果某种工具超标,那么就要查出是具体什么原因导致超标的,然后用工具管理规章制度要求责任人进行问题整改,以期达到工具管理有据可依。工具定额消耗分析管理对减少工具库存起到很好的推动作用,同时也做到了工具管理更细致、更精确。

(4) 工具定期盘点工作。为确保生产工具资产完全受控,便于做好工具资产管理,为制订好科学合理的库存上下限提供基础依据,盘点可以全面反映出工具管理过程中存在的问题,从而分析问题、解决问题。工具盘点频次通常为一月一次,在工具盘点的过程中通常采用现场实物集中盘点法。工具盘点可以借鉴两种方法:

① 月初、月末核算法。优点:比较容易进行,只需要知道月初在线工具和月末在线工具即可盘出工具,省时省力;缺点:计算出的数据可能与现场差异较大,不能反映实际情况。

② 现场实物集中盘点法。优点:精确了解工具现场实际数量,为工具管理提供真实依据;缺点:劳动量较大。

(5) 新员工培训

新员工上岗前必须对其进行工具培训,培训内容包括工具的使用方法、操作时的注意事项、简单的结构原理和工作原理,员工调岗后应接受新岗位的工具培训。

第5章 班组的物料管理

5.1 班组物料

➤ 5.1.1 何谓班组物料？班组物料有何特征？

班组的物料主要是指处于生产过程中的生产资料，既包括从自然界直接取得的原料，又包括经过人的劳动加工所取得的材料、在制品、半成品和成品，还包括生产过程中需要使用的辅助物质、工具等。

班组的物料具备两个属性：一是具有实物形式；二是可以用于流转。它一般存在两种状态：一是处于运动状态；二是处于静止状态（表5-1）。

表5-1 班组物料的属性和状态

项目		具体含义
属性	具有实物形式	
	可以用于流转	
状态	运动状态	包括加工、检验、运输等，这是物料在生产过程中的基本状态
	静止状态	包括生产过程中的储备、间歇停放或库存停放等

➤ 5.1.2 何谓班组物料管理？

如前所述，班组的物料通常处于两种状态。管好这两种状态的物料，保证生产经营过程的顺利进行，就叫物料管理。

➤ 5.1.3 班组物料如何分类？

工业企业所需要的生产物料种类繁多。为了便于加强物料管理，必须对企业的各种物料进行科学的分类。物料分类是物料管理的重要基础工作，它是制定物料消耗定额和储备定额，编制物料供应计划和采购计划，分析和核算物料消耗实际水平和产品成本水平，以及进行日常物料供应和物料管理的依据。

班组物料主要按物料在生产中的作用分类，具体划分如表5-2所示。

表5-2 班组物料的分类

类别	具体内容
原材料	直接使用于产品制造上的各种原料、材料、辅助材料等
辅助材料	用于生产过程，有助于产品的形成而不构成产品实体的物资
燃料	生产过程中用来燃烧发热而产生热能、动能的可燃性物资
动力	用于生产和管理等方面的电力、蒸汽、压缩空气等
工艺装备	生产中消耗的各种刀具、量具、夹具、模具、工具等
配件	预先准备的用于更换设备中已磨损和老化的零件和部件的各种专用备件
在制品	正处在生产线各工序上进行加工、检验、运输的尚未完工的制品
半成品	中间站或中心零件库暂存的在制品、半成品和外购件等
成品	已制造完成但尚未经检查入库的产品
外协件和外购件	外协件是指由外单位按合同要求协作加工的零部件；外购件是指从市场购进的标准零部件
保养维修材料	使用于机台、厂房、人员、搬运、维修的各种物品，如机油、柴油、配件、油漆、手套、皮带、抹布等
包装材料	使用于包装产品的各种包装材料、用品、耗材等，如纸箱、木箱、封箱带、贴纸、说明书等

这种物料分类方法，便于企业制定物料消耗定额，计算各种物料需要量，计算产品成本和核定储备资金定额等。

除了以上分类办法外，还有如表5-3所示的另外两种分类方法。

表5-3 班组物料的其他分类方法

分类方法	类别	特点
按物料的自然属性分	金属材料	便于企业编制物料供应目录和物资的采购、保管
	非金属材料	
	机电产品	

续表

分类方法	类别	特点
按物料的使用范围分	基本建设用的物料	便于编制物料供应计划和进行物料核算与平衡
	生产产品用的物料	
	经营维修用的物料	
	工艺装备用的物料	
	科学研究用的物料	
	技术措施用的物料	

5.2 班组物料管理

➢ 5.2.1 班组物料管理的任务是什么？

班组物料管理的基本任务，总的来说，就是根据企业规定的生产经营任务，以提高经济效益为核心，做到供应好、周转快、消耗低、费用省，保证企业生产有效地顺利地进行。具体来说，班组物料管理的任务如表5-4所示。

表5-4 班组物料管理的任务

任务	具体措施
保证物料供应	及时、齐备地按生产经营所需的品种、规格、数量、质量，保证各类物资的供应，使生产经营活动不间断地进行
加快资金周转	通过有效的劳动组织形式和科学管理方法，缩短生产周期，控制合理库存，减少和消除物料积压，把原材料、在制品的占用量、储备量压缩到最低限度，加速物资和资金周转。减少物料占用量，缩短生产周期，不仅能节省流动资金占用，而且能让有限的流动资金加速周转，发挥流动资金的更大作用
降低物料消耗	创造合理利用物资的条件，监督和促进生产过程合理使用物资，降低物料消耗。企业生产过程是原材料转化为产品的过程，是物料消耗的过程。物料消耗占产品成本中很大比重。加强生产过程中物料管理，强化物耗控制，对减少消耗，降低产品成本，防治"三废"（废水、废气、废渣）污染，具有重大意义
节省管理费用	通过研究改善和调整工艺布局、工艺路线流程，就能缩短运输路线，减少物料搬运量和库存量，节省运输、仓储及其他物资管理费用的支出

5.2.2 班组物料管理的内容有哪些?

班组物料管理的主要内容如表5-5所示。

表5-5 班组物料管理的内容

项 目	具 体 内 容
物料管理的内容	制定先进合理的物料消耗定额
	确定正常的物料储备定额
	编制物料采购供应计划
	搞好仓库管理和物料节约工作
	建立和健全物料管理的各项规章制度

总之,物料管理是以供应各方面需要的物料为职责,以最少占用资金、最合理储存量、最低成本为目标,有效地完成物料供应和管理的任务。

【案例5-1】 ××公司中心丸剂生产车间班组物料管理制度

××公司中心丸剂生产车间为加强车间物料管理,推行了一系列物料管理制度,着重加强三种制度建设。

① 复核管理制度:主要包括以下三个方面的复核。第一,复核所有从其他车间及仓库流入的物料数量、质量情况;第二,车间、班组内部各工序之间物料的流转,从中间站领取物料的相互复核;第三,对生产过程中各物料投入是否正确、投入比例与投入量是否符合工艺要求的复核等。复核管理制度不仅避免了领料、投料过程中问题的出现,更保证了使用物料的质量、数量与要求相符,减少了误差。

② 挂牌管理制度:包括物料牌的填写、状态表示牌的正确放置及状态改变时的及时更换、物料牌掉落后不任意插牌等方面的要求,避免了物料混淆事故的发生。

③ 物料存放制度:明确了所有物料在存放过程中的码放原则、存放过程中需注意的事项等。规范了物料的摆放,能有效避免误差的发生。

这一系列物料管理制度的推行,使车间、班组物料管理水平有了很大提高。

5.2.3 班组物料管理工作要点有哪些?

班组管理的物料大多为本班组正在使用或短时间内暂存的物料,都是班组生产的必需品,具有随机、常变、零乱、多样、分散等特点,因此管理起来比较困难,管理者必须耐心细致。班组物料必须做到存放定点、存放有序、存放有数;班组对物料的管理必须有严格的领用和保管制度,要让员工养成良好的"降低消耗、避免浪费、场地清晰、确保安全"的领用和存放习惯。班组物料管理的工作要点如表5-6所示。

表5-6 班组物料管理的工作要点

管理要点	具体要求
生产物料的领料和发料	领料一般由班组指定的领料员填写领料单向物料单位领料，也有由物料单位根据料单备妥原物料后直接送往生产现场签收的。原材料领料单一般由生产主管单位备妥后连同生产指令单一起发给车间生产现场，其他零星物料则由班组领料员自行填单领料。领料时必须考虑现场储存空间，采取一次领料还是分批次领料。领料员在领料时必须对原物料的数量和规格进行认真的核对并签收，以保证足数和质量，防止差错。发料则是领料员根据工作地的生产需要，将原物料分发给各机台，以作生产所用。发料时要做好登记和签字，重要物料还要加强发放的管制。未发放的原物料应妥善保管于生产现场物料暂存区内
现场物料的暂存和保管	不论何种行业的生产，现场物料的暂存及保管都是必要的，班组管理人员必须根据暂存物料的性质和数量，做出现场物料储位规划图，一般分成原料暂存区、物料暂存区、半成品暂存区、成品暂存区、不合格品放置区等。在实物上可利用不同颜色来区别标示，并配置料架或栈板等摆放以易于管理、取用方便、整齐美观，同时应结合生产现场5S管理做好现场物料的存放工作
物料存量控制与标示	班组应实行细密的生产计划管理和物料管理制度，制定可行的领发料原则、安全库存量、物料消耗指标、生产能力指标等管理数据，使班组的加工和物料暂存处于受控状态，并结合生产现场定置管理，做好物料存放和存量控制及标示。在这里，最简易的方法就是利用"物料标示卡"来管理：将每种物料用一张物料标示卡来加以标示，并使用不同颜色的卡片来区分不同的月份，以便于现场物料的存量控制和提高处理效率
超额领料与余料退库	生产现场的原材料有时候由于料件遗失或者不良损耗偏高而有不足的现象，此时班组应向物料单位申请超额领料。超额领料并不是正常的事，因此企业里一般都会规定由厂部主管领导批准后方可超额领料，以防止和控制物料的多领和浪费。而当生产现场有余料未用时，班组也应及时向物料单位办理余料退库，以免物料存量过多占地影响生产现场的工作
半成品、成品转拨或入库	班组物料员对于生产现场已加工完毕的半成品和成品，应分别填写物料转拨单或入库单及时进行转拨或入库，对于不合格品也应在经过检验后做出相应的处理。特别要防止不合格品误混到半成品、成品中转拨或入库
现场物料盘点	班组管理人员对于生产现场暂存的物料、半成品、成品，应实施定期的盘点，一般要求会同会计部门于每月月底盘点一次，以便搞好现场物料管理，做到料账一致，有效实现计划管理和经济核算
现场废料废物处置	这既是节约物资、减少浪费、改善环境的重要工作，又是企业实施清洁生产、循环经济的具体措施
班组物料的控制	班组物料控制要做到"五适"：即适时（供应及时）、适质（符合质量标准）、适量（数量控制恰当）、适价（成本合理）、适地（运距最短），并在调控中尽量预防和减少呆料、废料和旧料，缩短物料加工周期，提高物料和成品的周转效率。因此，要分别做好车间生产过程的物料控制工作

续表

管理要点		具体要求
班组物料的控制	生产前的物料存量控制	物料存量控制是对现场物料存量变化动态的掌握和调整。为了使现场物料存量保持合理水平，既不过量，又不脱空，就要认真掌握好生产前的领料和发料工作及调整措施。总的原则和目标是：领料以满足现场生产需要为原则，存量尽可能少，发料尽可能快，最大限度地减少物料的停留量和停留时间
	生产中的在制品控制	为了保持生产的连续性和均衡性，必须建立生产过程中在制品占用量定额和储备量。要根据不同生产类型采用相应的方法，例如大批大量生产的在制品定额法、成批生产的提前期累计编号法、单件小批生产的生产周期法、通用件、标准件生产的订货点法、流水作业的看板管理法等，制定合理的在制品定额和储备量，为了搞好生产的在制品控制，就要求对在制品的投入产出、使用、发放、保管和周转做到有数、有据、有手续、有制度、有秩序，一般采用加工线路单和零部件配套明细表来进行控制
	生产后的半成品、成品转拨或入库	对于班组加工完成后的半成品和成品，要及时填写转拨单或入库单，尽快往下一工艺阶段转拨或入库。这样不但可以减少班组物料存量，而且能缩短半成品、成品的滞留时间，缩短产品生产周期，提高资金周转速度和利用效率

▶ 5.2.4 班组如何节约物资和能源？

班组是处于生产一线，直接消耗物资和能源的基层单位。班组积极开展节能降耗具有十分重大的意义，如表5-7所示。

表5-7 班组开展节能降耗的意义

要点	具体体现
实践节约原则最有效的途径	能以同样数量的物质资源生产出更多的产品，为社会创造更多的财富。节约是社会生产最基本的原则，即以最少的投入获得最大的产出
降低产品成本，提高经济效益	物料消耗占产品成本的80%以上，只有从节能降耗上才能开拓降低产品成本的更大空间，才能使企业在剧烈的市场竞争中，以低成本使企业获得更大的经济效益，同时也产生更大的社会效益
减少"三废"污染	最直接的效果就是减少"三废"排放，从源头上防治工业污染，不仅有助于减轻企业治污的巨大负担，更有利于自然环境的保护，最符合国家和人民的根本利益
有利于促进技术进步	节能降耗并非轻而易举之事，只有刻意钻研和改进产品设计及加工技术，才能达到减少消耗的效果。因此，节能降耗客观上促进着工业生产技术的不断改造和进步，寻找更先进的生产技术和使用无污染或少污染的新能源、新材料，实现清洁生产

续表

要点	具体体现
培养职工勤俭节约的良好习惯	要求企业全体员工人人身体力行，从点点滴滴做起，从我做起，因而最能从群众性的实践中培养员工的节约观念，戒除铺张浪费的陋习，将企业的精神文明建设提到新的高度

▶ 5.2.5 班组开展节能降耗的途径有哪些？

在工业企业中，节能降耗的途径很多，班组的物资和能源节约管理主要从如表5-8所示的几方面着手。

表5-8 班组开展节能降耗的途径

途径	达到效果
改进产品设计	产品设计上的不合理、不完善，会给生产带来物资消耗的长期浪费。产品设计的优劣，不仅决定着产品的结构、性能、质量和使用寿命，同时也决定着产品在生产过程中所消耗的物资数量和产品成本水平。在保证产品质量的前提下，改革产品设计，简化产品结构，缩小产品体积，降低产品重量，都可以降低单位产品的物资消耗，从而达到降低单位产品成本、提高经济效益的目的
采用先进工艺	节约物资和能源贯穿于整个工艺流程中。采用先进的工艺技术，提高材料的利用率，就能降低物资消耗。采用先进的新工艺要和设备的技术改造密切结合，利用新的节能设备，再和新的工艺相结合，才能在节能降耗方面实现最好的经济效益
采用新材料和代用材料	随着科学技术的迅速发展，许多新材料应运而生。有的新材料性能更完善、质量更高，价格也在不断下降。企业应当在保证产品质量的前提下，大力推广应用各种质优价廉的新型材料。在保证产品必要功能的前提下，可以用资源丰富的材料替代资源稀少的材料，用价格低的材料代替价格高的材料。这样不仅扩大了原材料来源，为进一步发展生产创造了条件，而且也为不断降低产品成本、提高企业经济效益开拓了广阔的前景
收旧利废，综合利用	在工业生产过程中，会产生很多废旧物资，及时把这些废旧物资回收利用，是节约物资的一个重要途径，而且对于降低生产成本、改善工厂环境也有重要作用。物资的废旧都是相对的，在本企业、本生产阶段是无用的，而在其他企业、其他生产阶段则可能成为有用的物质财富。物资的综合利用，可使物资由一用变为多用，变无用为有用，变废为宝。这样不但减少了工业污染，而且为社会创造了更多的物质财富
加强能源管理工作	工业企业节约使用煤、油、电、气等能源是一项非常重要、很有前途的企业管理工作。要做好能源管理，第一，应制定出具有平均先进水平的能源消耗定额；第二，培养职工的节能习惯，提高节能的自觉性；第三，制定出切实可行的节能降耗奖励政策；第四，对企业耗能高、效率低的陈旧设备予以技术改造或设备更新，采用新的节能设备和技术；第五，充分利用企业的余热，对生产过程中排放的余热予以充分利用，也是节约能源的一个重要途径

【案例5-2】 某制药厂二车间××药制剂班如何加强物料控制?

某制药厂二车间××药制剂班为了加强物料控制,特采取以下六条措施:
① 制定单位产品物资消耗定额,实行限额领料和定额供料。
② 领发料时复查物料的质量和数量,投料时防止差错、变质和混用。
③ 认真填写有关原料消耗的记录、台账和报表,如材料使用预算表、物料需求分析表、存货盘点清单、盘盈/盘亏明细表。
④ 严格制度和纪律,防止跑、冒、滴、漏等损失和浪费。
⑤ 密切注意生产节奏,及时供料,防止断档,避免生产停顿。
⑥ 工毕场清,及时清扫回收散失的原材料。

5.3 班组的在制品控制及库存管理

5.3.1 何谓在制品?

在制品及其分类如表5-9所示。

表5-9 在制品及其分类

类别		含义
在制品		从原材料、外购件等投入生产起到加工制造经检验合格入库之前,处于生产过程各环节的零部件都称为在制品
分类	毛坯	有型材、棒料、铸件、锻件等
	半成品	毛坯经过机械加工成的经检验合格入库但需后续加工的零部件
	车间在制品	正投入车间处于加工、装配、检验、等待或运输过程中的各种原材料、毛坯、外购件、半成品等

在制品的管理必须做到"认真检验、分类摆放、跟单流转、记账有凭、手续齐全、责任明晰、制度有效"。

企业生产过程中各环节之间的联系表现为在制品的供需关系。为了让生产过程的各个环节、各个阶段和各道工序都能按计划、有节奏地生产,通常都会储备一定数量的在制品。但是过多的在制品储备是一种浪费。因此,在制品的合理控制具有十分重要的意义。

5.3.2 在制品如何控制？

在制品控制包括车间在制品控制和库存半成品控制，其中车间在制品控制表现为车间在制品管理。对车间在制品的管理方法取决于车间生产类型和组织形式。总的来说，在大批大量生产条件下，由于在制品数量稳定，有标准定额，各工序之间的衔接又是固定的，通常采用轮班任务报告并结合统计台账来控制在制品的数量和移动。在成批生产或单件小批生产条件下，由于产品品种和批量经常变化，在制品数量的稳定性差，情况复杂，通常采用加工线路单或工票等凭证，并结合统计台账来控制在制品。各种控制方式如表5-10分述如下。

表5-10 在制品的控制方式

分类	实施方法
轮班任务报告	也叫轮班生产作业计划，是班组规定每个操作者生产任务的文件，由班组计划调度人员填写发放。零件投产后，根据每道工序的完工情况，由检验人员填写检查结果。轮班任务报告既是作业计划，又是生产进度统计的原始记录，它简化了原始记录的种类，把统计、核算和检查计划完成情况结合起来，有效地加强了生产的计划性。轮班任务报告通常是按每台机床每班或每昼夜下一次，加工时间长的零件，轮班任务报告可跨班使用，但不能跨月份。轮班任务报告适用于大批大量生产
加工线路单	又叫长票、长卡、跟单，以零件为单位制作，一种零件一长票。它是记录每批零件从投料开始，经过各道工序的加工、检验，直到入库为止的全部生产过程的原始凭证。加工线路单跟随零件一起移动，各道工序共用一张生产指令单，由于企业生产类型、产品特点以及习惯做法不同，加工线路单的形式和内容有所不同，但它们的作用基本相同。加工线路单的优点是：每批零件的加工信息集中在同一张线路单上，一单多用；加工线路单中的工艺顺序和工艺规程一致，有利于贯彻工艺纪律，保证零件质量；由于领料、加工、检验、入库都使用同一票据，可以有效地保证领料数、加工数、合格品数、废品数、入库数的互相衔接，防止错乱；有助于贯彻期量标准。缺点是：由于流转时间长，加工线路单容易污损和丢失。加工线路单适用于成批生产或单件小批生产
工票	即单工序工票，又叫短票、短卡、工序单，以工序为单位制作，一道工序一短票。它记录的内容与加工线路单基本相同，只是一道工序完工，零件送检，检验员在工票上记录有关事项后，工票返回班组计划调度员手中，计调员再为下道工序开出新的工票。单工序工票的优点是使用灵活；缺点是票数量多，填写工作量大，不便于统计和核算。单工序工票适用于单件小批生产
统计台账	为了有效地控制在制品的流转，还必须在各种生产类型的生产中建立在制品台账，以及时记录零件的投入、发出、补发、在制、配套等情况。对于大量连续生产的产品，可按零件分别建立零件工序进度卡片（台账）。某种零件的在制实有量（台账数）等于该零件投入累计数减去出产累计数和废品数量。对于单件小批生产，则可按产品为对象建立零件工序台账，以便于检查产品配套情况，因此也称为配套账

从以上控制车间在制品的各种形式可以看出，在制品管理实际上是指在制品的实物管理和账卡管理。班组必须抓好在制品管理，组织好废品和退修品的及时处理和返修，以及统计工作。其中，班组在制品管理主要是制定零件生产收发推移图和废品退修品控制图，使班组对在制品管理做到日清月结，在流水生产车间要对废品隔离存放，当班办理报废手续，返修品要在当天组织返修；在批量生产的班组要做到每周或每批及时组织返修，并及时进行废品、返修品的统计，以清楚掌握在制品的质量状况。搞好班组在制品管理，还要做好综合统计工作，按规定要求做好收到、生产、废品、返修、发出、结存等项目的综合统计。综合统计要按日进行，实现日检月清的控制。

【案例5-3】 ××轴承厂球轴承车间班组在制品管理

××轴承厂球轴承车间根据多年实践和兄弟厂的经验，结合企业整体优化和定置管理的要求，对班组在制品管理坚持以下五条标准。

① 组织健全。管理体制、人员配备、人员素质必须符合在制品管理工作的需要。尤其是班上设置专职的在制品管理人员，负责在制品的综合管理、监督、检查。管理人员必须有一定的生产管理经验、身体好、素质高、有文化。

② 保管设施健全。各类半成品保管室符合仓库安全要求。

③ 制度健全。原始记录制度、工票管理制度、在制品交接班制度、废品管理制度、返修品管理制度、半成品管理制度、保管室岗位责任制度、原材料领发制度、在制品盘点制度等，必须做到有章可循、违章必究、浪费受罚、节约有奖的文明生产管理秩序。

④ 计量检测手段健全。保管室内磅秤、标准箱、标准车等必要的计量工具齐全。

⑤ 经济效益好、亏损费用少。各班组保管室的在制品亏损减少到本单位历史最好水平或同行业先进水平。

总而言之，在制品管理应做到科学化、正规化、标准化。要求达到各个半成品保管室所保管的产品不丢失、不混乱、不锈蚀、不碰伤，产品摆放整齐，清洁、卫生、安全，库内产品放有卡片，账、卡、物三项一致，符合现场定置管理的要求，给工序间送活要按照工票上的计划数与生产工人当面交接清点，收支相符。半成品库要定期盘点，不虚报、不漏报，数字准确。仓库储备合理，产品衔接配套，确保生产有节拍地均衡生产。

5.3.3 班组如何进行库存管理？

大型企业的车间都设有仓库，小型企业的车间一般也有保管室，以便于对物料进行储存、保管。一般说来，班组不设仓库，但有的根据需要，尤其是一些流水生产线也会设有保管室，主要是对毛坯、半成品和少量的成品进行保存。

毛坯、半成品的库存控制如表5-11所示。

表5-11 毛坯、半成品的库存控制

项目	实质内涵
必要性	在流水线生产条件下，相邻流水线如果不能按同一节拍协调生产，不能直接转交半成品，就必须设中间仓库或保管室。而在多品种、中小批量生产条件下，就更有必要设置毛坯、半成品库
作用	半成品库是班组间在制品转运的枢纽，为生产第一线服务。做好在制品配套工作，有效地保管和及时发送在制品，严格按照作业计划监督生产，及时向生产指挥系统提供信息
控制方式	库存毛坯、半成品的控制。主要通过毛坯、半成品出入库台账及其他凭证进行。因此，库存毛坯、半成品必须建账立卡，根据产品进行分类，按照零件进行统计。库存半成品台账，可用领料单、完工入库单、在制品收发单、废品通知单等作为登录凭证

成品是指通过加工后经检验完全满足设计技术要求的零部件。通常班组加工好的成品应及时交车间仓库或保管室保存并入账。但是，有时少许零星成品不宜上交车间，需临时存放，以免混乱的，则可交班组保管室。成品的库存管理应该做到如表5-12所示的要求。

表5-12 成品的库存管理要求

项目	具体内容
管理要求	合格品必须及时入库保存，做好台账记录，做到"物、卡、账"三项相符
	合格品必须科学包装，防碰伤、防变形、防锈、防腐
	不合格品必须妥善处理，绝不允许混入合格品，绝不允许"以次充好"
	协助做好质量分析，提供产品质量统计数据

由此可知，班组的库存管理工作主要是对半成品和少量成品进行动态管理。对于半成品，应尽量做到交接清楚、数字准确、账物相符、占用合理、处理及时。对于成品，则应尽量做到"零"库存。

第6章 班组的经济核算

6.1 班组经济核算的意义和基础工作

6.1.1 开展班组经济核算有何意义?

经济核算是企业管理的重要环节。企业通过对生产过程中的人工成本、资金运转等进行登记、核算、监督和比较,使企业不断改善经营管理,提高经济效益。车间、班组通常不实行独立核算,除非一些大型企业,车间设置规模较大,产品独立性较强,可能进行独立核算,即便如此,一般也是一种内部的虚拟核算,不直接进行现金交易。

班组经济核算是一个中间环节,它是企业经济核算的基础,主要提供生产消耗与生产成果方面的经济核算数据,如上班人员记录、工时记录、物料记录、产品生产记录、设备维修记录、动力与运输设备调用情况记录等。班组开展经济核算的意义如表6-1所示。

表6-1 班组开展经济核算的意义

项目	具体体现
班组开展经济核算的意义	帮助企业寻求改进生产、节约劳动成本的途径,尽量少的劳动消耗取得最大的经济效益
	帮助企业总结生产经营的经验教训,发现问题,采取措施,改进工作,从而改善和提高企业管理水平
	使全体职工关心生产经营活动,增强职工责任感,克服单纯生产观点,培养职工勤俭节约、艰苦奋斗的作风,调动职工厉行增产节约的积极性
	可以帮助正确处理国家、企业、职工三者的利益关系,准确反映企业内部责、权、利相结合的经济关系,充分调动职工的生产热情,增强企业活力
	经济核算的数据是企业经营管理不可缺少的数据来源,通过对班组生产数据的分析,可以改善和提高企业生产经营管理水平
	更好地发挥基层班组的作用,加强班组的科学管理,从而加强和巩固企业的经营管理工作

6.1.2 班组开展经济核算应做好哪些基础工作?

班组开展经济核算,必须以科学的态度、认真负责的精神,做好表6-2所示的基础工作。

表6-2 班组开展经济核算应做好的基础工作

项目	具体内容
认真做好原始记录,并完善计量检测验收工作	原始记录是通过一定表格形式,对企业生产经营活动的情况所做的最初的数字和文字的记载,是生产经营第一线职工亲自记载的真实情况。原始记录是经济核算的起点和依据,也是企业科学管理的基础。原始记录的基本内容包括:生产过程记录,材料、动力消耗记录,供销过程记录,劳动工时记录,设备工具记录,财务成本记录,等等
	原始记录具有广泛性、群众性、具体性和经济性的特点,要求原始记录必须做到正确、及时、完整,原始记录的内容、格式、填写责任、传递路线、汇总整理等也要明确规定,建立健全必要的原始记录管理办法
	要保证原始记录符合实情,必须有准确的计量检测和严格的验收手续。经济核算各个环节都离不开计量。因此,班组应根据生产技术经济管理最基本的需要,建立和健全计量机构,设置必要的计量手段,制定计量管理制度,完善计量检测验收工作
加强定额管理	班组要抓好工时定额和物料定额等的管理。合理的定额管理是科学管理、计划生产、均衡生产、经济分析、效果认定的基础,可避免工作的盲目性,也可避免领导指挥的主观片面性。定额管理,包括劳动定额,材料、燃料、工具、动力消耗定额,各种物资储备定额,设备利用定额,流动资金占用定额,管理费用定额等。定额应保持平均先进水平,即在正常条件下经过努力可以达到的水平
完善规章制度	班组经济核算的主要规章制度应包括内部经济责任制度和各种业务管理制度,如财务管理及指标考查、分配奖励、经济活动分析等规章制度。这些管理制度要相互协调,一经颁布就要严格贯彻执行,以维护制度的严肃性和权威性
加强经济责任制	班组长是企业最基层组织的负责人,执行车间作业计划,协调班组内部岗位间的生产活动,做好经济核算的原始记录和考核工作是班组长的责任
加强效益意识宣传教育	班组应该利用横幅、看板、宣传栏、班组会议、班前会等形式经常开展班组经济核算的宣传教育,强化效益意识,使全体职工思想上绷紧经济效益这根弦,激发全体职工参与班组经济核算的积极性

【案例6-1】 ××电子有限公司封装车间班组经济核算工作经验

××电子有限公司封装车间在开展班组经济核算中积累了如下八条工作经验。

(1) 做好思想工作。车间工段负责人对班组经济核算负有领导责任,必须认真做好宣传教育工作,使广大职工群众充分认识到班组经济核算的重要意义和作用,只有每一位职工都关心、支持班组经济核算工作，做到事事有人管，人人有专责，才能搞好这项工作，真正起到应有的作用。

(2) 加强技术指导。车间的成本员、统计员、材料员负责本车间、班组经济核算的具体指导。利用开办学习班等形式使职工了解和掌握具体核算方法，灵活运用班组经济核算，公司财务部门可以根据实际情况，协助车间成本核算员解决核算中的问题。

(3) 设置班组核算员。各班组设1~2名兼职核算员，由班组民主选举产生。

(4) 建立健全计量工作。计量工作是开展好班组经济核算的首要条件，要加强有关部门对计量工作的管理，为班组经济核算提供准确的数据。

(5) 健全原始记录和各项统计台账。班组的领料单要保管好，各班产量及其他各项生产指标、消耗指标要有专人做好原始记录，各班组要建立、健全材料消耗等各种统计台账。

(6) 制订计划指标。车间要将计划指标层层分解到班组，深化、细化各项指标，班组经济核算要依据所分解的指标作为计划指标或定额进行核算，以便及时分析差距找原因，进行改进。

(7) 进行经济活动分析。班组长一定要认真地组织经济活动分析，这也是企业实行群众路线的好形式，可以利用班前、班后会，与计划比较，与上期比较，与兄弟单位比较，发挥全体职工的聪明才智，总结经验，找出差距，揭露缺点和问题，制定对策，及时实施。工人师傅们处在生产的最前线，是最了解情况、最有发言权的，分析出的经验和问题也是最有价值的，从中可以提高班组管理水平，不断挖潜创新、改变现状，从而提高企业的经济效益。

(8) 利用现代信息技术。班组核算一般是兼职的核算员从事核算工作，无论计量和统计大都是手工管理，工作量较大且易出差错，随着现代信息技术的普及和应用，车间内部应建立局域网，延伸至班组，这不仅能准确、及时地反映出班组的生产消耗和生产成果，又能提高工作效率，进而有利于经济责任制考核。

××电子有限公司封装车间利用好班组经济核算这一有力工具，调动每个职工控制成本费用、创新增效的主动性，充分发挥企业职工的聪明才智，从而使企业充满活力，不断挖潜创新，改进企业人力、物力、财力的利用效率，最终达到提高经济效益的目的。

【案例6-2】　××热加工有限责任公司热处理班开展经济核算成效显著

激烈的市场竞争永远需要高质量、低成本的产品作保证。生产高质量的产品，以最小的投入获取最大的效益是企业追求的目标。某热加工有限责任公司热处理班紧紧围绕企业发展目标，加强班组成本核算和财务管理工作，减少不必要的开支，不断提高企业的竞争力。

(1) 选拔既懂财务管理又懂生产技术的复合型人员负责班组经济核算工作。班组成本核算人员，其工作不只是简单的数字计算，更重要的是在财务核算基础上的财务管理，要全方位地组织参与班组经济活动的计划和实施。所以，班组成本核算人员应具有一定专业知识和管理经验，要懂经营，尤其要熟悉生产技术，应用价值工程、成本最低化理论和方法，坚持技术与经济相结合，掌握成本核算理论与方法，进行科学预测、决策、预算、控制、分析，并运用计算机进行相关信息处理，以适应现代成本管理的需要。

(2) 做好班组经济核算基础工作

① 合理建账，科学核算。班组会计核算力求简明扼要，做到厂部产品成本以班组成本为基础，上下一本账；各班组基本生产明细账中的原材料、工资、提取的职工福利基金、燃料和动力、管理经费的发生数应与厂部财务科基本生产账户各个成本项目数完全相同；各生产班组在制品期末余额应与厂部基本生产明细账余额一致。

② 完善计量工作，包括原材料、水电、气、风等动力计量。财务成本考核的基本资料包括计量资料，这些资料直接影响职工的切身利益和企业成本。一方面，将计量划归班组管理并确定相关人员进行监督，另一方面经常对计量器具进行检查，确保为管理层及时提供真实、完整、准确的班组经济核算信息。

③ 制定内部结算价格。内部结算价格是指企业内部各责任中心之间转移中间产品或相互提供劳务而发生内部结算和明确内部责任所使用的计价标准。要明确各车间责任，进行各自成本核算，并制定合理的内部结算价格。

④ 监督管理班组生产循环中的传票确认环节，及时收集原始凭证，理顺班组内部控制系统，妥善保存班组经济核算资料，为企业管理和各项分析提供真实的、连续的依据。对班组投入项目进行跟踪分析，对比实际运行和设计估算的指标差异，发现问题及时解决；对原材料的质量和使用情况进行不同生产周期的对比，及时向材料采购和销售部门反馈相关问题；重点监控出现的不合格产品，分析原因及时解决，不能解决的问题及时向职能管理人员汇报。

⑤ 制定先进合理的消耗定额，建立相应的考核制度。消耗定额合理与否直接影响班组成本核算。制定合理的消耗定额，要以同行业的资料为参考，根据各企业当年的生产经营情况，结合本企业生产经营特点进行综合分析，制定出符合企业自身实际的可行性方案。同时，规范材料领发制度，实行限额领料、限额配送制，以此作为材料消耗的约束机制。要制定严格的考核制度，考核制度的制定是班组经济核算真正实行的关键，管理部门应积极配合，财务部门要根据历史资料和预期目标采用量本利分析法分别确定各部门、各车间、各班组的目标成本，制定一套相关的考核指标，月月考核，年底汇总并设立奖惩制度，做到奖罚分明，这样才能激发职工的积极性，把降低成本落到实处。

⑥ 定期进行班组成本分析。班组分析重点是：进行成本费用分析包括成本指标

的完成情况分析，成本与班组成品配比情况的对比分析及影响完成情况的因素分析。班组经济核算人员要经常对生产经营情况进行全面分析，总结经验，肯定成绩，指出存在的问题，并提出改进措施和建议，形成日核算、旬分析、月总结的分析制度，这样才能促使员工精打细算，树立效益经营的新理念，为企业获得更大的经济效益做出贡献。

（3）不断提高班组成本核算人员的财务管理素质。要定期对班组经济核算人员进行产品工艺标准、成本核算等知识的培训和经验交流，培训的内容包括会计知识、财务管理知识。并通过经验交流会的形式，使科学的、先进的财务管理办法得到发扬，使先进的管理者得到大家的认可和相应的精神鼓励，这样才会起到以点带面的作用。同时，努力提高班组经济核算人员的职业道德水平，引导班组经济核算人员遵纪守法、廉洁奉公，提高他们的敬业精神和道德素质，这也是班组经济核算能否取得成效的重要方面，要纳入业务培训的范围。

（4）创造良好的班组经济管理外部环境。任何一个企业或部门的改革，任何一项发展和进步，都和它的环境相互影响，基层班组同样如此。班组材料的消耗与材料供应部门、质量检查部门有关；能源的消耗和能源管理、环保处理部门有关；产品的质量和销售部门、成品检验部门有关；班组经济核算工作和上级会计核算、财务管理工作有关。因此，企业不仅要按责任制加强各部门的内部管理，而且要理顺他们之间的互相协作、监督、控制、平衡关系，要本着公平、合理、合情的原则，努力营造一种互相配合、共同发展的气氛。建立好企业内部的经济管理环境，健全各种管理职能，配合适当的激励机制和约束机制，这对企业的内部挖潜并提高整个企业的经济效益会起到重要作用，有利于提高企业在市场中的竞争力。

6.2 班组经济核算指标体系与经济活动分析

6.2.1 班组经济核算的指标有哪些？

为了反映班组各项经济活动的效益，需要借助许多表明经济现象数量变化情况的指标，形成班组的经济核算指标体系。

班组的经济核算内容和指标，因企业的规模、产品结构和承包要求等方面的不同而差别很大，应根据具体情况加以确定。其内容主要包括表6-3所示的各项指标。

表6-3 班组经济核算的内容和指标

指标项目	具体内容
产量指标	包括实物量、劳务量、价值量等
质量指标	包括产品合格率、返修率、废品率、产品等级率等
劳动指标	包括劳动生产率、出勤率、工时利用率、定额工时完成率等
资金指标	包括固定资金占用额、流动资金占用额、在制品定额、资金周转速度等
成本指标	包括原材料消耗指标、劳动力消耗指标、车间制造费用指标，即物耗定额、工资福利、各项费用定额、废品损失等
内部利润指标	包括班组成本盈亏、计划外劳务收入等
设备指标	包括车间设备完好率、设备利用率等

▶ 6.2.2 班组经济活动分析内容有哪些？

经济活动分析，就是利用各种核算资料，深入调查研究，定期或不定期地对班组全部或局部的生产经营情况进行分析，揭露矛盾，找出原因，提出措施，挖掘潜力，改进工作，以提高经济效益。开展经济活动分析，对于加强企业计划工作和定额工作，更好地制定各种控制目标，有着重要的意义。

班组经济活动分析的内容如表6-4所示。

表6-4 班组经济活动分析的内容

项目	具体内容
生产分析	对产品品种、质量、产量、产值、生产进度等计划指标完成情况的分析，查明影响这些指标完成的原因，制定相应措施
劳动分析	主要分析劳动生产率变化情况，由此查明劳动力构成的变化、出勤率、工时利用率、职工技术业务水平的提高及劳动组织等方面的情况，并分析这些因素对企业经济效益的影响，以便为不断提高劳动生产率挖掘潜力
物资分析	分析原材料、燃料、动力等供应、消耗和储备情况，以及外购件的供应保证、质量、价格的情况，为车间经营决策提供依据
设备分析	分析各类机器设备的完好情况、利用情况、检修情况和更新改造情况
成本分析	包括对全部产品总成本、单位成品成本、可比产品成本升降情况的分析，以及对各成本项目支出情况的分析
利润分析	主要对产品销售利润完成情况进行分析，同时对其他销售利润和营业外收支做分析。要分析利润额增减情况、上交税额增长情况，以及各种利润指标完成情况
财务分析	主要对固定资金和流动资金的占用和利用情况，专项资金使用情况，财务收支状况进行分析

6.2.3 班组经济活动分析应按什么程序进行？

班组经济活动分析，一般应遵循表6-5所示的程序进行。

表6-5 班组经济活动分析的程序

程序	具体操作
收集和占有资料，掌握情况	将分析所依据的各种资料收集起来，整理归类。对某些主要问题要深入实际，作专门的调查，掌握第一手情况，把数字资料同活动的情况结合起来。资料与情况的准确和完整性在极大程度上决定着经济活动分析工作的质量与效果
对比分析，揭露矛盾	利用各种资料相比较，从差距中发现矛盾
因素分析，抓住关键	发现矛盾后，应该找出产生矛盾的原因，这些原因也正是影响车间生产经营活动和经济效益的主客观因素。找出影响因素才能克服缺陷，挖掘潜力，总结经验，巩固成绩。但是影响因素很多，必须分清主次，抓住关键，着重分析关键因素的影响
制定措施，改进工作	在分析矛盾、找出原因的基础上，即可制定出巩固成绩和挖掘潜力的措施、对策，并落实到有关责任部门或人员，改进工作，使生产经营活动按既定的目标和方向进行

在上述程序的四个步骤中，调查研究、占有资料是分析工作的基础，对比分析和因素分析是手段，制定措施并保证实现才能达到提高经济效益的目的。因此，能否针对分析中发现的问题，采取切实有效的改进措施，将最终决定着经济活动分析的成败和效果。

6.2.4 班组应承担哪些经济责任？

经济责任制是企业实现经济目标，提高经济效益的保障。班组作为基层生产单位，理应承担一定的经济责任。班组的经济责任主要如表6-6所示。

表6-6 班组的经济责任

责任项	具体内容
做好管理基础工作	包括完善班组经济责任制，各项指标落实到人；建立健全各种原始记录和台账；建立健全有关规章制度
确保完成经济技术指标	经济技术指标主要包括产品品种、产量、质量、产值、利润、车间成本、材料动能消耗、在制品资金定额、职工定员、安全生产等
履行基本职责	执行车间作业计划，协调班组内部岗位之间的生产活动，并认真做好原始记录和岗位责任制的考核工作

续表

责任项	具体内容
执行奖罚规定	将岗位责任、工作标准和协作要求实现的程度，与岗位劳动者个人利益分配挂钩，对失职者进行处理

6.2.5 经济责任制的基本形式有哪些？

由于行业性质、规模和生产条件各不相同，企业经济责任制不可能有统一的模式，具体形式应是多种多样的。目前应用比较广泛的基本形式如表6-7所示。

表6-7 经济责任制的基本形式

分项	具体办法	
承包奖励制	① 逐级承包	② 技术攻关承包
	③ 单项指标承包	④ 后勤服务承包
浮动工资制	根据浮动部分占工资、奖金比重的大小，分为三种具体形式。 ① 奖金浮动；② 工资、奖金部分浮动；③ 全额浮动	
岗位工资制	按岗位规定标准工资，凡是达到劳动定额和质量考核标准的，得本人基本工资	
记分计奖制	企业把产品质量、数量、品种、消耗、产品成本、利润等技术经济指标加以分解，包到车间，车间再分解包到班组和职工个人。每项指标都规定基本分数和奖惩的增减分办法，然后按月记分，根据可分配奖金数计算分值，按分计奖	
计件工资制	是按一定质量产品的数量或作业量为单位来计算劳动报酬的形式。工人应得的计件工资=生产某合格产品的数量×该产品计件单价	
结构工资制	① 基本工资	② 技能工资
	③ 岗位工资	④ 职务工资
	⑤ 绩效工资	⑥ 工龄工资
	⑦ 津贴	⑧ 奖金

6.3 班组的资产管理和成本管理

6.3.1 什么是班组的固定资产？

班组的资产管理主要是固定资产的管理。

《企业财务通则》《工业企业财务制度》对固定资产标准作了如表6-8所列的具体规定。

表6-8 固定资产的标准

项目	具体意义
定义	固定资产是指使用期限超过一年,单位价值在规定标准以上,并且在使用过程中保持原有物质形态的资产,包括房屋及建筑物、机器设备、运输设备、工具器具等
特点	① 固定资产的使用时间较长,并能多次参与生产过程而不改变其实物形态 ② 固定资产的价值补偿和实物更新是分别进行的。固定资产的价值补偿是随固定资产的使用,每月提取折旧逐渐完成的;而固定资产的实物更新则是在原有固定资产不能或不宜再继续使用时,用折旧积累的资金完成的 ③ 固定资产一次投资,分次收回
综合分类	① 生产经营用固定资产 ② 非生产经营用固定资产 ③ 租出固定资产 ④ 不需用固定资产 ⑤ 未使用固定资产 ⑥ 土地:指已经估价单独入账的土地,企业取得的土地使用权不能作为固定资产管理 ⑦ 融资租入固定资产:以融资租赁方式租入的固定资产,在租赁期内视同自有固定资产进行管理

▶ 6.3.2 班组固定资产管理的目的和要求是什么?

固定资产管理的目的是在不增加或少增加投资的条件下提高固定资产的利用效果,提高企业的生产能力。

班组固定资产管理的要求如表6-9所示。

表6-9 班组固定资产管理的要求

项目	具体内容
要求	① 正确预测固定资产需要量 ② 做好固定资产投资预测与决策工作 ③ 正确计提折旧,合理安排固定资产价值的补偿速度 ④ 加强固定资产的日常管理,提高固定资产的利用效果

▶ 6.3.3 班组成本由哪些项目构成?

班组成本项目一般由表6-10所列的10项构成。

表6-10 班组成本的构成

构成项目	具体含义
原材料	构成产品实体的原料和主要材料
辅助材料	用于生产不构成产品实体，但有助于产品形成的材料
燃料动力	直接用于生产的燃料和动力
固定资产折旧	对逐年损耗的固定资产的补偿
生产工人工资	直接参加产品生产的工人的工资
生产工人工资附加费	按规定比例计算的工资附加费
废品损失	生产中产生废品所发生的损失
班组经费	为管理和组织班组生产而发生的各项费用，如班组管理人员的工资及工资附加费、办公费、劳动保护费、固定资产折旧费及修理费、低值易耗品摊销费、润滑油及棉纱费、在制品盘亏和损毁等
企业管理费	提供给厂部的为管理和组织全厂生产所发生的费用，如厂部管理人员的工资及工资附加费、办公费、旅差费、运输费、利息支出、罚金赔偿、文体宣传费等
销售费用	提供给厂部的产品在销售过程中所发生的各项费用

➢ 6.3.4 班组成本如何核算和控制？

6.3.4.1 班组成本的核算

成本核算是经济核算的主要内容之一。成本核算就是记录、计算生产费用的支出，核算产品的实际成本，以反映成本计划执行的情况。班组是企业的基层组成部分，但不是独立的经济核算单位。因此，班组的成本核算也叫责任成本核算，即只核算与本班组有直接关系并能加以控制的指标。班组的成本核算是保证企业提高经济效益的重要环节。

班组成本核算的基本程序如图6-1所示。

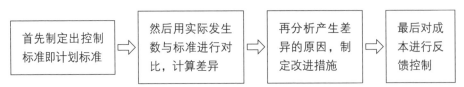

图6-1 班组成本核算的基本程序

制定控制标准时，可用"数量×价格＝标准"的公式来确定。

班组成本核算通常是按月进行。成本的具体计算方法，可根据企业、班组的产品特点和生产类型，由厂部统一确定。

班组进行成本核算时，如果发现实际成本与计划成本产生差异时，就要进行成本分析，查明原因，采取有效的措施予以解决。属于本级范围内能解决的，应采取果断措施进行解决；本级解决不了的问题，及时反映到上级，以求尽快解决。

6.3.4.2 班组成本的控制

成本控制是指在成本形成的整个过程中，对各项活动进行严格的监督，及时纠正发生的偏差，使产品成本的形成和各项费用、消耗的发生，限制在一定范围内，以保证达到预期的成本水平和利润目标。班组是直接组织生产的单位，产品成本大部分是在班组形成的，班组成本控制的好坏对企业影响很大。要做好班组成本控制，必须抓好如表6-11所示的工作。

表6-11 班组成本控制的措施

具体措施	具体实施办法
提高职工"当家理财"的思想认识	教育职工发扬主人翁精神，精打细算，厉行节约，减少浪费，凡事均与降低成本联系起来，将成本控制贯彻于每项具体工作和行动中
建立健全班组经济核算制	作业班组处于生产一线，分布在生产过程的各个环节，最清楚设备该如何使用和改进，材料消耗怎样才能最节约，把一线职工的积极性发挥出来，做到人人搞核算，事事算细账，处处讲节能降耗，就一定能取得控制成本、降低消耗的最佳效果
建立成本控制点	影响车间成本的因素很多，抓住成本控制的主要因素，突出重点，简化管理流程，集中精力，效果会更显著
抓好成本的综合治理	成本指标是反映车间管理工作好坏的综合指标之一，要做好成本控制必须对影响成本的各因素进行综合治理。 主要治理手段有： ① 节约原材料，提倡废物利用，修旧利废 ② 提高产品质量，减少废品损失 ③ 提高设备利用率，减少单位产品的固定成本 ④ 节约能源，改造能耗多的设备 ⑤ 搞好均衡生产，合理利用流动资金 ⑥ 严格财经纪律，防止乱挤成本，滥摊成本 ⑦ 压缩非生产性开支，有效控制管理费支出 ⑧ 双革新、挖潜、改造中要效益

【案例6-3】 某电容器有限公司机加工车间开展班组成本管理的实践经验

机加工车间作为电容器有限公司下属的一个生产辅助车间，及时转变思想观念，在抓生产的同时，紧抓"成本"这根弦，把成本管理作为车间各项管理工作的"主旋律"，贯穿于车间管理的全过程。车间通过班组参与管理，采取责任成本细化和量化、成本考核制度等措施，使成本意识深深地植根于车间每一个职工的心里，落实在他们的日常工作中。降成本、增效益成绩显著。主要措施如下。

(1) 将车间成本指标逐级分解。将责任成本进行树形分解，把各项成本指标按燃料、材料、备件、维修四大费用分解到班组甚至个人。同时，制订车间个人月成本计划表，并及时发到职工手中，人手一份。成本数据是以近几年来各个工段各项成本实际发生费用为依据，并根据年度车间生产的实际情况进行调整。责任成本分解表能直观地反映车间成本的分布情况，为车间的全员、全过程成本管理提供了依据。

(2) 建立配套管理制度。要搞好成本管理工作，必须要有一套好的、行之有效的管理制度。原先车间也制定过相关的制度，但大都不完善，可操作性不强，执行时难以持之以恒。因此机加工车间根据实际情况，对这些制度进行了修改、补充、完善，形成了操作性强的车间、班组责任成本考核制度、材料领用制度等六项制度。

(3) 严格考核。成本管理要靠数据来说话，成本核算工作意义重大。机加工车间编制了各种统计表格，对每个月、每个季度、年度的成本发生情况进行统计、分析，绘制成本发生曲线图。每月定期召开成本分析会，将计划成本与实际发生成本相对照，对已发生的成本进行说明，对将要发生的成本进行预测。同时，根据统计的数据，对各班组进行严格考核，节奖超罚，并根据各班组的成本发生情况，由车间统一调整，制订下月成本计划。

(4) 运用计算机进行管理。机加工车间将各种表格输入计算机，由于工程技术人员自行编制程序，建立电子模板，每月只需输入原始数据，就可获得一整套该月的成本统计报表，并有对各种数据的分析图表。

机加工车间的班组成本管理在实施以来，取得了较好的成绩。车间也应看到，尽管成本管理是全员的，但仍然有部分职工还停留在一种要我干的状态，也就是说由于车间的严格考核，他必须这样干，不这样干则会被扣、受处罚。因此，如何帮助这一部分职工转变思想观念，让他们真正认识到，产品不仅要质优，而且要价廉，变"要我干"为"我要干"，这就是车间实施班组成本管理的方向，也应该是车间今后成本管理工作的重点。

第7章 班组的基础管理工作

7.1 班组的规章制度建设

7.1.1 何谓规章制度?

现代工业生产是一个极其复杂的过程,必须合理地组织劳动者与机器设备、劳动对象之间的关系,合理地组织劳动者之间的分工协作关系,使企业的生产技术经济活动能按一定的规范向既定的经营目标协调地进行。要做到这一点,必须有合理的规章制度,对人们在生产经营活动中应当执行的工作内容、工作程序和工作方法有所规定。

> 所谓规章制度,就是指企业对生产技术经营活动所制订的各种规则、章程、程序和办法的总称,是体现企业与劳动者在共同劳动、工作中所必须遵守的行为规范。

7.1.2 班组开展规章制度建设有何意义?

搞好班组规章制度建设,其意义如表7-1所示。

表7-1 班组规章制度建设的意义

项目	具体意义
意义之一	规章制度是企业全体职工所共同遵守的规范和准则。有了规章制度,就能使企业职工的工作和劳动有章可循,做到统一指挥、统一行动,人人有专责,事事有人管,办事有依据,检查有标准,工作有秩序,协作有契约

项目	具体意义
意义之二	企业的规章制度体现企业与劳动者在共同劳动、工作中所必须遵守的行为规范，是企业内部的"立法"，加强车间规章制度建设，可以合理利用人力、物力、财力资源，进一步规范企业管理，保证生产经营活动顺利、平稳、流畅、高效地进行
意义之三	制定企业规章制度是建立现代企业制度的需要
意义之四	企业的规章制度是完善"劳动合同制"，解决劳动争议不可缺少的有力手段，可以用来裁决企业中可能发生的种种冲突，有助于抑制企业可能出现的任意行为

➢ 7.1.3 规章制度的主要功能有哪些？

规章制度的主要功能如表7-2所示。

表7-2 规章制度的主要功能

功能	具体作用
规范管理	能使企业经营有序，增强企业的竞争实力
规范员工行为	能规范指引员工的行为，提高工作效率，保证工作质量，增强管理效果
培养优良作风	遵守规章制度，能培养员工良好的工作习惯和优良的工作作风
法律补充作用	具有法律的补充作用，有利于保护企业的正常运行和发展

➢ 7.1.4 班组的规章制度有哪些？

企业规章制度繁多，就班组范围来看，按其所起的作用和应用范围，大体可分为岗位责任制度、班组管理制度、技术标准与技术规程三类，如表7-3所示。

表7-3 班组规章制度的种类

种类		制度内容
岗位责任制度		该制度是按社会化大生产分工协作的原则制订的制度。它明确规定班组每个工作岗位应该完成的任务和所负的责任及其相应的权力。这种按工作岗位确定的责任制度，不论谁在哪个工作岗位上工作，都要执行该岗位的责任。这对稳定生产秩序，提高劳动生产率有着十分重要的作用
班组管理制度	职工考勤管理制度	规定职工请假的手续及对各类请假的处理办法，规定了职工的考勤办法
	思想政治工作制度	规定各级管理人员以及党员思想政治工作的任务和责任，提出思想政治工作的内容、形式和方法

续表

种类		制度内容
班组管理制度	职工奖惩制度	规定职工受奖的条件和等级，规定了受惩罚的范围和类别，明确了从车间主任到班组长的奖惩范围和权限
	工资奖金及福利费管理制度	根据企业工资奖金分配原则，制订本班组工资奖金及职工福利费具体的分配和管理办法
	设备维修保养制度	明确设备维护保养的具体要求，落实责任，制订本班组的设备维修计划
	交接班制度	确定交接班的内容、纪律和时间要求，严格交接班手续
	仓库保管制度	明确物资出库、入库手续，加强物资保管的"三防"（防火、防腐、防盗）措施
	回收利用管理制度	明确了低值易耗品及废旧物资回收利用管理办法
	安全生产制度	包括安全生产责任制度、教育制度、检查制度、事故处理制度、职业病防治制度
	环境保护制度	包括切屑、废渣、废水、废气、废料、有毒物品处理制度，车间过道物品摆放制度，车间各种看板、宣传示板、通知广告等的张贴制度等
技术标准与技术规程	技术标准	通常是指产品技术标准。它是对产品必须达到的质量、规格、性能及验收方法，包装、储存、运输等方面的要求所做的规定。此外，还有零部件、原材料、工具、设备标准。技术标准是职工在生产技术活动中共同的行为准则
	技术规程	是指为了执行技术标准，保证生产有秩序地顺利进行，在产品加工过程中指导操作者操作、使用和维修机器设备及技术安全等方面所做的规定。一般有工艺规程、操作规程、设备维修规程和安全技术规程等
	技术标准和技术规程是由企业制订的，班组主要是贯彻执行这些标准和规程	

▶ 7.1.5 制订班组规章制度应遵循哪些原则？

依法制订规章制度是企业内部的"立法"，是企业规范运行和行使用人权的重要方式之一，这是一件十分严肃的工作，既影响企业的运作，又影响企业的人文环境。因此，切不可将制订规章制度之事只作为制订几个文件那么简单。

> 制订规章制度的程序包括：立项、起草、征集意见、协商、审核、签发、公布、备案、解释、修改、废止。其中起草、征集意见、协商、审核、签发、公布是必要程序。

制订班组规章制度应遵循表7-4所列的原则。

表7-4　制订班组规章制度应遵循的原则

项目	具体含义
合理可行原则	规章制度要符合国家政策、法令，有法可依，并且人人都能做到，不可别出心裁、随心所欲、过分严苛，造成员工工作时情绪紧张，人人自危，难以适应
契合实际原则	制订规章制度既要吸收兄弟单位的先进经验，又要符合本单位的实际，还要与空间环境相适应，要体现价值特征，与企业内在的价值观吻合，符合本车间、本工种的实际，不要列举那些远离实际的无用条款
与时俱进原则	制订规章制度既要承续以前的成功条例，又要结合企业发展的要求，随时间而演化，根据变化了的国际国内形势和国家政策，拟定切合时局的条款
民主集中原则	规章制度应当经职工代表大会或者全体职工讨论，提出方案和意见，与工会或者职工代表平等协商确定，贯彻民主集中制。一定要按照民主协商、多次讨论、表决通过、上报审核、行文公布的程序进行
惩劣奖优原则	从某种意义上讲，规章制度就是一种赏罚条款，因此条例要明晰可鉴，应明确规定奖赏与处罚，不可模糊不清。规章制度应达到奖励优秀、惩罚劣行的效果
相对稳定原则	规章制度应力求完整、全面、科学，一旦建立和实施，就应坚持有效地执行，保持相对稳定。不能因为某些特殊情况的出现而反复修订，朝令夕改。即使需要修改，也应如同初始制订一般，按程序制订，决不可某个人说了算

认真遵循以上原则制订出来的规章制度，一定能真正起到提升企业管理水平，调动职工生产积极性，促进经营活动的顺利运行，发挥制度应有的经济效益和社会效益。

➢ 7.1.6　如何保障班组规章制度能得到顺利执行？

规章制度制订出来后，不是用来欣赏的，而是用来贯彻执行，发挥作用的。制订一个合理的规章制度有一定的难度，而执行规章制度有时会感到更有难度，其主要原因是：规章制度是和人打交道，人的思想、情绪、状态等都是不同的，而且总是在变化之中。因此，贯彻执行规章制度是一份具体细致、考验人处理问题能力的工作。

要想顺利地贯彻执行规章制度，应做到如表7-5所示的几点。

表7-5　保障班组规章制度顺利执行的措施

措施	具体做法
领导带头，上下一心	通过民主集中制产生的规章制度，是企业内每个人都应遵守的行为规范，对每个人都有约束作用，绝不只是领导用来管理下属员工的工具。因此，领导应率先垂范，模范执行。这样就能上下一心，共同遵守，规章制度也就能顺利执行

续表

措施	具体做法
广泛宣传，重点培训	贯彻执行规章制度，首先要进行思想教育，要考虑员工的感受，积极沟通，必须落实到每位员工，强调集体意识；要教育员工防患于未然，不要等到出错非要处理不可。对有些光靠传达文件不能很好贯彻的项目，必须开展针对性的培训
公平公正，不徇私情	规章制度一旦建立，必须坚决执行。但一定要公平公正，不徇私情。徇私情是执行制度的大敌，一定要杜绝。在执行力度上要逐渐强化，尤其是一些新条例的起始执行阶段，更要让员工有一个习惯过程，避免情绪波动
检查评比，铸就习惯	规章制度是一种行为规范，它的每一条款必然会在人的行为中反映出来。如果一个人从前的行为符合规范，那么约束对其显然不起作用；如果一个人从前的行为为不符合规范，那么他对这些约束显然会不适应，甚至产生抵触。因此，要使规章制度成为所有人的自觉行动，必须有个过程。在这个过程中，班组可以采取经常性的评比活动，树立榜样，培养良好的企业风气，使执行规章制度成为员工的自觉行动和习惯

显然，加强班组的规章制度建设，认真贯彻执行规章制度，对于改良企业的精神风貌，促进企业的文明建设，是一项不可或缺的措施。

【案例7-1】 某电子厂的班组规章制度

第一章 总则

第一条 为确保生产秩序正常运转，持续营造良好的工作环境，促进本企业的发展，结合本企业的实际情况特制订本制度。

第二条 本规定适用于本公司与生产相关的全体员工。

第二章 员工管理

第三条 工作时间内所有员工倡导普通话，在工作及管理活动中严禁有省籍观念或行为区分。

第四条 全体员工须按要求佩戴厂牌（应正面向上佩戴于胸前），穿厂服，不得穿拖鞋进入车间。

第五条 每天正常上班时间为8小时，晚上如加班依生产需要临时通知。每天上午8:30前各班组的出勤情况报给人事部门，若晚上需加班，在下午17:30前填写加班人员申请表，报经理批准并送人事部门作考勤依据。

第六条 按时上下班（员工参加早会须提前5分钟到岗），不迟到，不早退，不旷工（如遇赶货，上下班时间按照车间安排执行），有事要请假，上下班须排队依次打卡。严禁代打卡及无上班、加班打卡。违者依考勤管理制度处理。

第七条 工作时间内，除组长以上管理人员因工作关系在车间走动，其他人员不得离开工作岗位相互串岗，若因事需离开工作岗位须向组长申请并佩戴离岗证方能离岗。

第八条 上班后半小时内任何人不得因私事而提出离岗，如有私事须离岗者，须经事先申请经批准登记方可离岗，离岗时间不得超过15分钟，每5次请假离岗按旷工1天处理。

第九条　员工在车间内遇上厂方客人或厂部高层领导参观巡察时，组长以上干部应起立适当问候或有必要的陪同，作业员照常工作，不得东张西望。集体进入车间要相互礼让，特别是遇上客人时，不能争道抢行。

第十条　禁止在车间聊天、嬉笑打闹、吵架打架，私自离岗、串岗等行为（注：脱岗指打卡后脱离工作岗位或办私事；串岗指上班时间窜至他人岗位做与工作无关的事），违者依员工奖惩制度处理。

第十一条　作业时间谢绝探访及接听私人电话，进入车间前，须换好防静电服（鞋），将钥匙、手机等物品放进与厂牌编号一致的保险柜，确保产品质量。

第十二条　未经厂办允许或与公事无关，员工一律不得进入办公室。非上班时间员工不得私自进入车间，车间内划分的特殊区域未经允许不得进入。

第十三条　任何人不得携带违禁物品、危险品或与生产无关的物品进入车间；不得将私人用品放在流水线上，违者依员工奖惩制度处理。

第十四条　车间严格按照生产计划排产，根据车间设备状况和人员精心组织生产。生产工作分工不分家，各生产班组须完成本组日常生产任务，并保证质量。

第十五条　车间如遇原辅材料、包装材料等不符合规定，有权拒绝生产，并报告上级处理。如继续生产造成损失，后果将由车间各级负责人负责。

第十六条　员工领取物料必须通过物料员，不得私自拿取。生产过程中各班组负责人将车间组区域内的物品、物料有条不紊地摆放，并做好标识，不得混料。有流程卡的产品要跟随流程卡。

第十七条　员工在生产过程中应严格按照质量标准、工艺规程进行操作，不得擅自更改产品生产工艺或装配方法。

第十八条　在工作前仔细阅读作业指导书，员工如违反作业规定，不论是故意或失职使公司受损失，应由当事人如数赔偿（管理人员因管理粗心也受连带处罚）。

第十九条　生产流程经确认后，任何人均不可随意更改，如在作业过程中发现有错误，应立即停止并通知有关部门负责人共同研讨，经同意并签字后更改。

第二十条　在工作时间内，员工必须服从管理人员的工作安排，正确使用公司发放的仪器、设备。不得擅用非自己岗位的机械设备、仪表仪器、电脑等工具。对闲置生产用具应送到指定的区域放置，否则以违规论处。

第二十一条　车间员工必须做到文明生产，积极完成上级交办的生产任务；因工作需要临时抽调，应服从车间组长级以上主管的安排，协助工作并服从用人部门的管理，对不服从安排将上报公司处理。

第二十二条　车间员工和外来人员进入特殊工作岗位应遵守特殊规定，确保生产安全。

第二十三条 修理员在维修过程中好、坏物料必须分清楚，并做明显标志，不能混。设备维修人员、电工必须跟班作业，保证设备正常运行。

第二十四条 员工有责任维护工作环境的卫生，严禁随地吐痰，乱扔垃圾。在生产过程中要注意节约用料，不得随意乱扔物料、工具，掉在地上的元件必须捡起。

第二十五条 操作人员每日上岗前必须将机器设备及工作岗位清扫干净，保证工序内的工作环境卫生整洁，工作台面不得杂乱无章，生产配件须以明确的标识区分放置。

第二十六条 下班时应清理自己的工作台面。当日值日生打扫场地和设备卫生并将所有的门窗、电源关闭。否则，若发生失窃等意外事故，将追究值日生及车间主管的责任。

第二十七条 加强现场管理随时保证场地整洁、设备完好。生产后的边角废物及公共垃圾须清理到指定位置，由各组当日值日人员共同运出车间；废纸箱要及时拆除，不得遗留到第二天才清理。

第二十八条 不得私自携带公司内任何物品出厂（除特殊情况需领导批准外），若有此行为且经查实者，将予以辞退并扣发当月工资。

第二十九条 对恶意破坏公司财产或盗窃行为（不论公物或他人财产）者，不论价值多少一律交公司行政部处理。视情节轻重，无薪开除并依照盗窃物价款的两倍赔偿或送公安机关处理。

第三章 员工考核

第三十条 考核的内容主要是个人德、勤、能、绩四个方面。

(1)"德"主要是指敬业精神、事业心和责任感及道德行为规范。

(2)"勤"主要是指工作态度，是主动型还是被动型等等。

(3)"能"主要是指技术能力，完成任务的效率，完成任务的质量，出差错率的高低等。

(4)"绩"主要是指工作成果，在规定时间内完成任务量的多少，能否开展创造性的工作等等。以上考核由各班组长考核，对不服从的人员，将视情节做出相应处理。

第三十一条 考核的目的：对公司员工的品德、才能、工作态度和业绩做出适当的评价，作为合理使用、奖惩及培训的依据，促使员工增加工作责任心，各司其职，各负其责，破除"干好干坏一个样，能力高低一个样"的弊端，激发员工的上进心，调动员工的工作积极性和创造性，提高公司的整体效益。

第四章 附则

第三十二条 生产部全面负责本管理制度的执行。

第三十三条 本制度由公司生产部负责制订、解释并检查、考核。

第三十四条 本制度报总经理批准后施行，修改时亦同。

第三十五条 本制度自×××× 年×月×日起施行。

【案例7-2】 某电子仪器厂组装班生产秩序管理制度

(1)员工上班应着装整洁,不准穿奇装异服,进入车间需换拖鞋,鞋子按划分区域整齐摆放。必须正确佩戴厂牌,穿工作服上班。个人衣物需存放在个人衣物存放柜内,不得携带任何个人物品,如手机、MP3、手袋、食品等进车间。

(2)上班时,物料员须及时把物料备到生产线,并严格按照规定的运作流程操作,不得影响工作的顺利进行。

(3)员工在作业过程中,必须保持50~80cm的距离,不得挤坐在一起,作业时需按要求戴好手套或指套,同时必须自觉做好自检与互检工作,如发现问题,应及时向品检员与组长反映,不可擅自使用不合格材料以及让不合格品流入下道工序,必须严格按照品质要求作业。

(4)每道工序必须接受车间品检员检查、监督,不得蒙混过关,虚报数量,应配合品检工作,不得顶撞、辱骂。

(5)小零配件必须用蓝色胶盒盛放,一个盒子只可装一种零配件,安装过程中发现不合格品必须用红色胶盒盛放,所有的物料盒排成一行放于工作台面的左手边。

(6)所有员工必须按照操作规程(作业指导书,检验规范等)操作,如有违规者,视情节轻重予以处罚。

(7)员工在工序操作过程中,不得随意损坏物料、工具、设备等,违者按原价赔偿。

(8)工作时间离岗时,需经班组长同意并领取离岗证方可离开,限时10分钟内。

(9)上班注意节约用水用电,停工随时关水关电。

(10)下班前必须整理好自己岗位的产品物料和工作台面,凳子放入工作台下面。

(11)员工之间须互相监督,对包庇、隐瞒行为不良者一经查处严厉处罚。

(12)任何会议和培训,不得出现迟到、早退和旷工。

(13)本班组鼓励员工提倡好的建议,一经采用根据实用价值予以奖励。

注:本制度与厂规发生冲突时,以厂规为准。

7.2 班组的政治思想工作

▶ 7.2.1 班组政治思想工作的地位和作用如何?

加强和改进政治思想工作,是我党我国的优良传统,也是企业管理工作的重要内容。它对于凝聚和鼓舞人心,充分调动广大职工的工作积极性,增强大局意识、责任意识和主人翁意识,促进企业改革和发展,都具有十分重要的作用。

人为万物之灵,能思维,有思想,各种不同的思想支配着各种不同的行为。因此,企业管理首先是对人的管理,对人的思想的管理。谁管住了人的思想,掌握了人心,谁就真正取得了领导权。无论是企业管理还是班组管理,都必须把职工的政治思想工作放在首要地位,一点也不能忽视。政治思想工作关系到职工能不能树立起主人翁意识,有没有兴趣发挥自己的才能,能不能创造性地使用和利用物质、技术,愿不愿意约束自己的行为,服从统一指挥,乐不乐意自觉遵守和维护规章制度,为企业多做贡献,是直接决定着企业兴衰成败、生死存亡的根本性问题。

➢ 7.2.2　班组政治思想工作的任务有哪些?

班组政治思想工作的目的,是把全体职工培育成有理想、有道德、有文化、守纪律的全面发展的一代新人,形成一支思想好、作风硬、技术精的职工队伍,出色地完成企业、车间、班组的生产经营任务。

> 班组政治思想工作的根本任务,是通过对企业全体职工进行共产主义思想体系的教育,提高他们对自己所处的历史地位和历史责任的正确认识,增强他们认识世界和改造世界的能力,树立主人翁的思想意识。为实现这一根本任务,还要通过一系列的具体任务来保证。

班组政治思想工作的具体任务有如表7-6所示的四个方面。

表7-6　班组政治思想工作的具体任务

任务	具体内容
使员工摆正三者关系	通过政治思想工作,使员工对党和国家的路线、方针、政策有正确的理解,在思想上、政治上、经济利益上摆正国家、企业、职工个人间的关系
提高职工政治思想素质	加强职工队伍建设,提高职工队伍的政治思想素质,使职工成为有理想、有道德、有文化、守纪律的劳动者
改善人文环境	改善人文环境,让职工奋发向上、励精图治、互助互爱、敢于创新,营造一种和谐的充满活力的劳动氛围
增强责任感	增强职工主人翁的责任感,以主人翁的姿态积极主动地完成企业生产经营任务

➢ 7.2.3　班组政治思想工作的基本内容有哪些?

班组政治思想工作,一是要从根本上提高职工的思想政治觉悟,使职工树立社会主义和共产主义的伟大理想，进行系统的政治思想教育；二是要根据社会经济发展不同时期和不同形势的要求，针对职工现实思想认识问题进行日常教育。班组政治思想工作的基本内容如表7-7所示。

表7-7　班组政治思想工作的基本内容

基本内容	具体要求
爱国主义教育	爱国是每个公民必须具有的神圣职责。通过爱国主义教育，增强广大职工的民族自尊心和自豪感，爱祖国、爱人民，激励企业职工艰苦奋斗，振兴中华，树立搞好现代化建设的爱国之情
集体主义教育	集体主义集中体现了无产阶级大公无私的优秀品质和团结奋斗的合作精神。通过集体主义教育，使职工树立全心全意为人民服务的思想，正确处理好国家、集体和职工个人三者之间的利益关系，坚持国家利益和集体利益高于职工个人利益的正确思想，个人利益服从国家和集体利益，努力为国家建设和企业发展贡献力量
共产主义道德教育	道德是人与人之间以及个人与社会之间的关系和行为规范的总和。社会主义社会要提倡先进的共产主义道德思想，要求职工勤恳起劳动，在劳动中讲究团结互助，遵守劳动纪律，爱护公共财物，发扬艰苦奋斗的精神。发扬共产主义道德思想，将直接有助于社会主义经济基础的巩固以及生产力的发展。车间通过经常、持久的政治思想工作，采取各种有效措施，培养和提高全体职工的共产主义道德品质
树立法制观念的教育	社会主义市场经济就是法制经济，为使企业广大职工能够适应市场经济发展的要求，必须进行法制教育和厂规厂纪教育，增强职工的法制观念，树立守法为荣、违法可耻的新风尚
科学思想的教育	班组要通过政治思想教育，理直气壮地讲唯物论、无神论和辩证法，用科学的世界观、人生观、价值观武装企业职工的头脑，以全面实施科教兴国、科技兴企的战略，大力推进社会主义现代化建设
吹风鼓劲的宣传教育	班组政治思想工作要从实际出发，围绕班组的生产经营活动，配合企业生产经营中心工作，做好统一思想的工作。班组在每开展一项生产经营活动之前，都必须进行思想摸底，层层动员，消除各种思想障碍，统一思想认识，进行吹风鼓劲，使广大职工上下齐心协力，步调一致，出色地完成生产经营任务
讲目标、谈愿景的励志教育	班组政治思想工作要从班组的高标准目标和班组、车间、企业的长远利益出发，激励每个职工迎难而上、奋发向上的精神，鼓舞广大职工努力奋斗的信心和决心，最大限度地焕发劳动热情，使班组形成一种比、学、赶、超的生动活泼的局面，推进班组生产经营活动从胜利走向新的胜利，实现一个又一个新的目标

续表

基本内容	具体要求
树典型、学先进的教育	榜样的力量是无穷的。班组抓好各项工作，一定要以先进模范人物事迹教育职工，经常以先进典型事例引导大家，根据职工的思想状况，尤其是对个别工作热情不高、工作不大负责的职工加强政治思想教育，使其向先进模范看齐，努力做好各项工作

班组的政治思想工作，就是一个培养职工崇高思想、高尚情操、良好作风、强烈集体荣誉感及主人翁劳动态度的过程，这是关系到企业兴旺发达的根本问题，是企业管理工作的首要问题。

【案例7-3】 某机器厂钳工班班组政治工作制度

(1) 积极营造良好工作氛围，创造文明工作环境，调动职工的工作积极性和创造性。

(2) 每月组织一次职工政治学习，学习内容包括：时事政治、法律法规、形势任务、思想道德、先进典型等内容，并做好记录。

(3) 班组骨干要掌握职工的思想动态，通过个别谈心、座谈等形式，及时与职工交流和沟通思想。

(4) 关心职工生产生活，对职工遇到的问题要及时解决，班组无力解决的要向上级报告。

(5) 注重在班组职工中树立和培养先进典型，用身边的好人影响和带动职工。

(6) 及时化解职工在工作、管理过程中发生的矛盾，消除班组职工间的不和谐因素，不使矛盾扩大影响团结。

【案例7-4】 某地车务段党委认真落实班组思想政治工作制度

某地车务段党委按照路局党委关于深入细致地做好思想稳定工作的要求，进一步抓好中间站班组思想政治工作，确保运输生产安全、职工队伍稳定。

抓住职工思想变化，准确开展职工思想分析，制订一人一事的思想政治工作措施。各站党支部由党支部书记、站长和骨干班组长共同召开专题会议，从思想主流、存在问题、原因分析、整改措施四个层次对职工思想进行分析，形成会议纪要。段党委汇总各支部职工思想分析情况，有针对性地对个别职工落实作业标准低、"两违"问题多；家庭生活困难，工作情绪不稳定；完成生产任务指标没信心，对工资收入不满意等原因，研究解决办法，撰写宣传提纲，观看专题片，化解职工思想上的疙瘩。

抓住生产形势教育，及时开展主题教育活动，确保生产安全、经营创效。段党委分别在北台、福金、歪头山、南芬站召开安全生产、支部管理现场会，定措施、定标准。各支部在"转观念、闯市场、增效益"、暑汛期安全风险研判、货运快车营销走访活动中，利用党员大会、班组点名会等形式，讲形势、明任务、话责任。本溪站客运车间、凤城站党总支组织党员干部、职工深入经济区内本溪青年旅行社、宏远钢材市场、凤城老窖酒厂、本溪迎宾小学等企事业单位走访旅客、货主，开展爱路护路宣传，实现效益增长、安全稳定。

抓住典型示范引导，大力弘扬先进人物精神，营造积极向上的企业文化氛围。段党委为了进一步调动职工群众工作热情，开展发现"身边平凡好人"活动、召开"师徒传承"表彰大会，不断推进企业文化建设。段报、小电视台、微信公众号、官方微博开辟专题、专栏，从不同角度、不同层面对先进事迹进行挖掘，实现以"好人"精神影响职工工作、以"好人"情怀打动职工心灵。本溪站客运车间、歪头山站党支部分别从兑现"三个出行"承诺、严格执行作业标准化着手，打造"一个支部一个亮点"，创建"共产党员号"品牌，发挥先锋带头作用。

7.3 班组的企业文化建设

➢ 7.3.1 何谓企业文化？

20世纪70年代，美国学者在比较日美企业管理艺术的差异以及总结日本企业经营经验取得巨大成功的秘密时发现，企业文化建设对于企业经营业绩具有重大作用。他们著书立说，掀起了一股企业文化热潮。20世纪80年代以后，随着我国改革开放的发展，企业文化作为一种管理文化也开始传入我国，产生了有关企业文化的专门研究机构，大批企业开始尝试应用企业文化理论进行企业管理。众所周知，人事管理的最终目标是要调动职工的积极性和创造性，即充分地发挥职工的潜能，而要实现这一目标，就必须采取各种可能的手段，这些手段除了考核、培训、奖惩等外，建设有企业特色的企业文化对职工潜能的充分发挥也有重要作用。事实表明，企业文化建设给企业带来了不可估量的经济效益，对整个社会主义精神文明建设做出了重大贡献。

企业文化的内涵如表7-8所示。

表7-8 企业文化的内涵

项目	具体解析
属性	企业文化是社会文化的一个组成部分，通常指在狭义的企业管理领域内产生的一种特殊文化倾向，是一个企业在长期发展过程中，把组织成员结合在一起的行为方式、经营理念、价值观念、历史传统、工作作风和道德规范的总和。它反映和代表了该企业成员的整体精神、共同的价值标准、合乎时代要求的道德品质及追求发展

项目	具体解析
属性	的文化素质。它是增强企业凝聚力和持久力,保证企业行为的合理性和规范性,推动企业成长和发展的意识形态
定义	企业文化是在一定社会历史环境下,企业及其成员在长期的生产经营活动中形成的、为本企业所特有的、且为组织多数成员共同遵循的最高目标、价值标准、基本信念和行为规范等的总和及其在企业组织活动中的反映
实质	企业文化的实质是企业的共同价值观体系。一个企业有了共同的价值观体系,就意味着企业职工在思想上得到了统一,企业就能够朝着一定的方向集中发挥总体力量,企业领导人做出的决策就会迅速变为全体职工的行为
成因	现代企业文化是通过物质形态表现出来的员工精神状态。这里的"文化",不是知识修养,而是人们对知识的态度;不是利润,而是对利润的心理;不是人际关系,而是人际关系所体现的处世哲学;不是企业管理活动,而是造就那种管理方式的原因;不是舒适优雅的工作环境,而是对工作环境的感情……总之,是渗透在企业一切活动之中的东西,是企业的灵魂所在

➤ 7.3.2 企业文化有何特点?

企业文化产生的根源及其形成过程,使其既具有民族文化的烙印,又具有组织管理的个性特色。一般说来,企业文化具有如表7-9所示的特点。

表7-9 企业文化的特点

特点	具体体现
群体性和整体性	文化,首先是一定群体所共有的思想观念和行为模式。在社会上实际存在的每个群体中,都不可能使它的每一个成员的思想观念和行为方式完全取得一致,但在一些基本观念和基本行为上是能够取得共识和一致的。这种共识和一致,就成为该群体的文化。这种基本观念和行为的共识和一致,又形成这个群体的根本精神 企业文化的群体性,规范着企业群体的综合素质。企业群体的综合素质反映了企业文化的状况 企业文化是物质文明和精神文明在企业内有机结合的统一性表现。也是企业群体内的企业价值观、企业精神、信念宗旨、行为准则、工作作风、社会方式和生活习惯等要素的统一,这种内在统一性特征也是一个企业区别于其他企业的关键特征 企业文化以观念的形式对企业的管理给予补充和强化,以一种无形的巨大力量使企业成员为实现企业的共同目标而自觉地组成一个团结协作的整体
社会性和阶级性、民族性	企业文化是社会文化的一个组成部分,是社会文化在企业群体中表现出来的一种特殊形态。正因为企业文化与社会文化是紧密相连的,所以,在不同社会制度下的企业,所形成的企业文化具有不同的性质,即使在同一社会形态中,由于生产资料所有制形式的不同,所形成的企业文化也存在着性质的差异,这就是企业文化社

续表

特点	具体体现
社会性和阶级性、民族性	会性的具体体现。企业文化作为整个社会文化的一个组成部分，同样也是以社会物质生活条件、社会制度和国家制度的性质为转移的，也就不可避免地具有阶级性 在世界文化体系中，在人类文化发展过程中，由于各个民族形成的渊源和途径的特殊性，形成了具有独特文化个性的民族。在不同的社会经济和社会环境中，形成了各民族的特定民族心理、风俗习惯、宗教信仰、道德风尚、伦理意识、价值观念、行为准则、生活方式、传统精神等。这种民族的特殊性和个性综合表现为文化的民族性。这种民族性也反映在企业文化上，使企业形成具有民族色彩的特定模式
传统性和历史连续性	企业文化中的许多要素来源于历史的、长期稳定的、流传至今的传统性观念。这些传统性观念渗入现代企业文化的各个要素之中，使它在企业成员的心理上和企业管理活动中控制和调节企业及其成员行为的作用加强。企业文化的形成是要经过较长的历史时期、继承历史文化传统、结合时代精神才能达到的，传统文化一旦形成，就具有相对稳定性和承袭性，并对企业在一定历史时期内的经营哲学、经营观念、经营方式和经营行为起着维系和巩固作用。企业文化形成于企业成长、变革和发展的长期实践中，也随着科学技术的发展、文明的进步和企业自身的发展而不断丰富
渗透性和创新性	企业文化的发展过程，既是一个企业文化普遍性的进化过程，又是各国企业文化特殊性相互渗透的过程。从前者来说，各国的社会化大生产和商品经济都在各自的环境中不断地发展着，企业文化也随这种发展进行着自己的进化；从后者来说，世界各国企业文化的形成和建设，都具有各自的独特性和稳定性，这是传统文化基因在企业文化形成和建设中的继承和遗传，然而它绝不会固守在本国范围之内，它将随着大经济环境的运作、大流通的交融，本国文化锋芒将无形地射向四面八方，影响和渗透到他国的企业文化之中，各国的文化、企业文化的影响力和活动范围正在不断增强和扩大，渗透速度也加快了。这种相互之间的文化交流和渗透，促使各国企业立志扩展和创新自己的企业文化，以适应形势发展的需要
客观性和落差性	企业文化本身是一个客观存在。作为一种客观存在，它必然具有两面性：如果企业文化是一个向上的客观存在，就会符合社会的需要，符合人民群众的心声；反之，如果企业文化是一个消极落后的客观存在，就会负面影响社会，不如人意。所以不能说有企业文化的企业，就是一个出色的企业。成功的优秀的企业塑造出来的、影响企业生存和发展的企业文化必然是优秀强烈的、代表先进生产力的文化 任何事物的发展，由于所处的客观环境不同，事物发展的进程总是不平衡的。正因为企业文化是一个客观存在，所以不同企业的企业文化发展，必然有先有后，有优有劣，这种不平衡的落差性也是客观存在的。正是这种落差性、不平衡性，决定了各国、各地区企业文化必然会相互影响、相互借鉴、相互促进

➢ 7.3.3 企业文化具有哪些功能？

企业文化是由企业中占支配地位的领导集团经过多年研究，发现并加以培育和确立的。它来自企业，但一旦形成了某种独立的企业文化，它就将反过来对企业发生巨大的能动作用。概而言之，企业文化有如表7-10所示的功能。

表7-10 企业文化的功能

功能	具体表现
指导功能	企业文化能为企业活动确立正确的指导思想、决策方向和良好的精神气氛。在既定的社会环境和社会条件下，企业领导者确定怎样的经营方针、做出怎样的经营决策，是至关重要的，然而在确定经营方针、做出经营决策时，会受到来自各方面的思想影响，会受到社会的、传统的、企业精神面貌和文化气氛的影响和制约，任何一个企业的经营目标、经营决策，都是在一定的企业文化指导下进行的
导向功能	也叫作定向功能，把企业及其成员的思想和行为引导到企业所确定的目标上来，同心协力，自觉地为实现企业目标团结奋斗。企业文化不仅对企业成员的心理、性格、行为起导向作用，而且对企业整体的价值取向和行为起导向作用
凝聚功能	能对员工的思想、性格、兴趣起潜移默化的作用，使员工自觉不自觉地接受组织的共同信念和价值观，它通过共同价值观、企业精神和思想信念，把企业全体成员团结成一个有机体，共同为企业目标的实现，协力拼搏，具有一种无可比拟的黏合剂和强磁场作用。企业文化的凝聚功能，有利于增强员工的主人翁意识，增强以企业为家的归属感，增强企业群体的统一、团结协作意识，一致对外展开竞争
激励功能	企业文化中健康积极的价值观、奋发向上的企业精神、明确坚定的信念、高尚的道德规范和行为准则都将激发员工巨大的工作热情，激励员工形成强烈的使命感和持久的行为动力，为实现自我价值和企业目标而不断进取，提高企业的整体绩效。这是企业文化功能中最重要的核心功能
控制功能	用一种无形的思想上的约束力量，形成一种软规范，制约员工的行为，以此来弥补规章制度的不足，并诱导多数员工认同和自觉遵守规章制度，能帮助企业实现员工自我控制
协调功能	企业的职工队伍来自四面八方，由具有不同技能和不同知识水平的人构成，员工们在从事不同种类的工作时，往往带有各种各样的个人动机和需求。企业文化能在员工中间起到沟通协调作用。在融洽的企业文化氛围中通过各种正式、非正式交往，管理人员和职工加强了联系，传递了信息，沟通了感情，不仅能改变人们头脑中的等级观念，而且能使人们协调地融合于集体之中
创新功能	企业要生存和发展，要在与其他组织的竞争中获胜，就要树立自己的风格和特色，就要与其他组织加以区别，就要创新。建立具有鲜明特色的企业文化，是企业激发员工超越和创新的动力，提高创新素质的源泉
辐射功能	企业文化塑造着企业的形象，企业形象的树立，除对本企业发挥作用外，还会通过各种渠道对社会公众、对本地区乃至国内外组织产生一定的影响，在提高企业知名度的同时，构成社会文化的一部分，企业良好的精神面貌会对社会起着示范效应，带动其他企业竞相仿效，因此企业文化具有巨大的辐射功能

总之，企业文化在企业管理中发挥着极为重要的作用，从某种意义上讲，企业文

化是提高企业生产力、推动企业发展的根本动力；是深化企业内部改革，使企业走向现代管理的原动力；在发展企业、增强企业活力、提高经济效益上，具有强大的精神激励作用；对企业员工同心同德、齐心协力实现企业目标，增强企业竞争力具有强大的凝聚作用；企业文化还具有增强企业优势，提高企业素质的作用。

企业文化对于提高企业绩效和增强企业凝聚力确实大有裨益。但是，我们也应看到，企业文化也存在着某些消极作用。当企业文化的核心价值观得到强烈而广泛的认同时，这种企业文化就是强文化。这种强文化也可能会产生这样的后果：①阻碍企业的变革；②削弱个体优势；③阻碍企业的合并。

【案例7-5】 企业文化为先导的有效管理

浙江万丰奥特集团是一家民营股份制企业。近年来，该企业先后获得"机械工业管理基础规范化企业""全国巾帼创业明星企业""21世纪最有影响的机械企业"等20多项省级以上的荣誉。万丰之所以能在激烈的市场竞争中脱颖而出，进入中国汽车零部件企业20强，主要是在8年的艰辛创业过程中，既坚持资本的积累，又注重体制的创新，更注重优良文化的塑造，创立了卓尔不群、冲破传统观念束缚的"野马"精神为灵魂的万丰文化，并以此为先导实施有效管理，从而使企业走上了一条持续、稳健的发展之路。

企业文化为先导的有效管理的内涵是，以塑造"野马"精神为灵魂的企业文化为先导，根据企业外部环境变化的需要，确定以培育国际品牌为中心的企业经营战略，对企业的有形资源和无形资源实施有效管理与整合，使企业的经营者和全体职工都不断更新、增加自己的知识和丰富自己的经验，人人都保持高涨的士气、旺盛的精神，迅速适应环境的变化，从而增强万丰的凝聚力，提高核心竞争力，呈现出健康、稳健、快速的发展态势。

人总是要有一种精神的，企业也要有一种精神，没有精神就像人没有灵魂。万丰文化的灵魂是"野马"精神。其表现如同野马一样强悍、冲刺、合群、不驯服，具有强大的生命力和活力。万丰人认为，经营企业要把培养优良的企业文化放在首位，并在长期实践中总结和形成一个公式：

$$（知识+经验）\times 精神=竞争力$$

这就是"野马"精神。它作为一个乘数，一方面它起乘法作用，具有放大功能；另一方面它可以是正面的，也可以是负面的，具有导向功能，对企业的成败兴衰有直接影响。知识和经验对提升企业竞争力同等重要，万丰对知识和经验的重视，表现在人本管理的实践中。

➢ 7.3.4　企业文化包含哪些内容？

企业文化是微观组织的一种管理文化。企业文化的内容大致包括如表7-11所示的内容。

表7-11 企业文化包含的内容

项目	具体内容
企业哲学	指企业在一定社会历史条件下，在创造物质财富和精神财富的实践过程中所表现出来的世界观和方法论，是企业开展各种活动、处理各种关系和进行信息选择的总体观点和综合方法。企业之所以具有无穷的精神力量，就在于具有正确的指导思想和价值观念；企业之所以具有伟大的创造力，就在于具有很强的综合选择信息的能力。企业哲学是企业人格化的基础，是企业形成独特风格的源泉，它包含几个基本的新观念，如系统观念、物质观念、动态观念、效率和效益观念、风险和竞争观念、市场观念、信息观念、人才观念等等，这些观念是形成企业哲学的基本思想
企业价值观	指以企业为主体的价值观念，是企业人格化的产物，是以企业中各个个体价值观为基础的群体价值观念。共同的价值观是企业文化的核心，因为价值观是人们评价事物重要性和优先次序的原则性出发点，企业文化的价值观不但为全体员工提供了共同的价值准则和日常行为准则，它也是企业塑造杰出的企业精神，培育员工的高度工作责任感和良好的职业道德，进行有效管理的必要条件
企业精神	指通过企业广大职工的言行举止、人际关系、精神风貌等表现出来的企业基本价值取向和信念。企业精神可以高度概括为几个字、几句话，但它具有崭新的内容、深刻的含义和富有哲理，它是在一定历史条件下，进行生产经营管理实践活动时，经过长期磨炼而形成的代表全体成员的心愿和意志，并成为激发全体成员积极性和创造性的无形力量，支配、引导和激励全体成员为实现企业目标而不懈地努力 所有企业的企业精神除了自己的独特精神风貌之外，都应包括如下一些根本性的共同精神 <table><tr><td>① 高度的责任感和使命感</td><td>② 民族自强精神</td><td>③ 开拓创新精神</td></tr><tr><td>④ 求真务实精神</td><td>⑤ 全心全意服务精神</td><td>⑥ 无私奉献精神</td></tr></table> 企业精神是企业文化的核心，是统一全体职工思想的基本标准，是企业凝聚力的基础；是引导和激励职工进步的指南，是企业活力的源泉；也是评价企业的主要依据之一。企业精神具有鲜明的个性特征。它并不是自发形成的，必须有意识地树立，深入持久地强化，才能逐渐得到广大职工的理解和认同，而成为一种独立存在的意识、信念和习惯
企业道德	指调整企业之间、员工之间、企业与客户之间关系的行为规范的总和。企业道德是一种特殊的行为规范，是企业法规、制度的必要补充。它是通过运用善良与邪恶、正义与非正义、公正与偏私、诚实与虚伪等相互对立的道德范畴，来规范和评价企业及其成员的各种行为，并用以调整企业之间、员工之间、企业与客户之间的关系。企业道德一方面通过舆论和教育的方式，影响员工的心理和意识，形成员工的善恶观念，进而形成内心的信念；另一方面又通过舆论、习惯、规章制度等形式，约束企业和员工的行为

续表

项目	具体内容
企业风尚	是企业员工相互之间关系所表现出来的行为特点，它是员工的愿望、情感、传统、趣味、习惯等心理和道德观念的表现，是在企业精神和企业道德的制约和影响下形成的，直接反映企业精神和企业道德的水平，是企业文化的综合体现，又是构成企业形象的主要因素。一个具有创新精神、求实精神、人与人之间平等的企业，就会形成一种积极向上、民主和谐的氛围和风尚
企业形象	指得到社会认同的企业各种行为的综合反映和外部表现。企业形象如何，不仅由企业内在的各种因素决定，而且要得到社会的广泛认同和承认，也就是说企业的形象是企业的产品质量、服务水平、员工素质、厂风厂貌、公共关系、经营作风等在用户和顾客的心目中的地位、在社会上给人们留下的印象。要树立良好的企业形象，提高知名度，企业就必须使自己开展的每项活动都必须对社会高度负责，尤其要讲求信誉，要诚实、热情、礼貌、周到地为社会服务
企业目标	是企业员工努力争取达到的期望值，代表企业的未来方向，它体现了企业的执着追求，同时又是企业员工理想和信念的具体化。企业目标是企业文化的动力，一个科学的、合理的企业目标可以激励人们不懈地努力创造卓越的业绩，也有利于塑造优秀的企业文化
企业民主	是企业的政治文化，是企业制度的一种形式，它是一种"以人为本"的价值观念和行为规范。企业民主的形成是一个艰难复杂的过程，需要企业决策层、管理层、执行层的各级人员共同努力才能形成。建立企业民主必须注意培养员工们强烈的参与意识和民主意识，明确职工的民主权利和义务，形成良好的企业民主氛围和环境

【案例7-6】 松下电器："松下七精神"

闻名遐迩的松下电器公司，早在创业之初，就提出了"松下七精神"，这就是：

(1) 产业报国精神。作为员工，认识到这一精神，方使自己更具使命感和责任感。

(2) 光明正大精神。光明正大为人们处世之本，不论学识才能有无，如无此精神，即不足为训。

(3) 友好一致精神。友好一致已成为公司信条，公司人才济济，如无此精神，就是乌合之众，无力量可言。

(4) 奋斗向上精神。为了完成我辈使命，只有努力奋斗方是唯一途径，和平繁荣要靠精神争取。

(5) 礼节谦让精神。为人若无谦让，就无正常的社会秩序。社会礼节谦让的美德，能塑造情操高尚的人士。

(6) 适应同化精神。如不适应社会大势，成功就无法获得。

(7) 感激精神。对为我们带来无限喜悦与活力者应该持感激报恩之观念，并铭记心中，便可成为克服种种困难，招来种种幸福之源。

与此同时，松下电器公司把自主经营、量力经营、专业化经营、靠人才、全员式经营、适时、求实等哲学，也列为整个"松下精神"的一个有机组成部分。

【案例7-7】 李宁公司：崇尚运动

李宁公司把"崇尚运动"作为本企业的核心价值观，之所以如此，并不只是因为李宁公司是生产体育用品的公司，还有更重要的一点，北京李宁体育用品有限公司的人力资源总监是这样概括李宁公司的价值观的："我们的使命是致力于专业体育用品的创造，让运动改变我们的生活，唤起民族自信，昂然立足世界。"

基于此，1989年4月，李宁牌商标正式注册后就一直致力于体育用品的开发和生产，也一直倡导以运动为核心的生活方式，让崇尚运动成为企业文化的核心内容。

"崇尚运动、诚信、激情、求胜、创新、协作"是李宁公司的核心价值观。这个核心价值观源于我们对体育精神的理解与崇尚，是李宁人日常行为的基本准则。

崇尚运动：对运动有强烈的热爱，专业从事某一项运动，或在业余时间积极钻研某一项或多项运动，并有所成就。热爱体育运动，积极参与各项体育活动，热爱以体育为核心的积极的生活方式；影响周围的人积极参与运动，用体育促进人们的交流，增进健康，增强自信。公司要求每一个李宁人热爱运动所创造的激情与欢愉，以自己的实际行动，去感染周围的人们，传递"重在参与"和"更高、更快、更强"的奥运精神。

诚信：诚实面对每一项竞争与挑战，尊重公司的制度、纪律，绝对不因个人利益牺牲、损害公司利益；在公正正直的前提下，真诚地对待同事，建立积极进取的工作氛围。

激情：具备强烈的使命感和进取心，有为实现公司使命、远景而努力工作的持续冲动。积极应对工作和生活中的挑战，不言气馁。

求胜：对公司未来的发展充满信心，有强烈的成就动机，积极地面对市场挑战，对目标的实现及成功有执着地渴望和追求。

创新：对市场有敏锐的洞察力，不断学习新知识或向成功企业学习。及时将新知识、新技术、新思维、新理念用于产品设计、品牌经营和内部管理，不断地为企业创造更多的价值。

协作：具有整体意识，在工作中，积极主动地与他人配合，齐心协力为实现公司目标而努力。李宁公司作为供应链的组织管理者，更需要充分协调外部合作伙伴，共同发展。

在招聘的过程中，李宁公司就已经开始执行其崇尚运动的核心理念了。在面试的一系列问题中一定会有一个关于运动的话题，先了解可能入职的员工喜爱什么运动，以便更好地融入集体。

李宁公司这样解说企业文化的贯彻流程：核心价值观→高层管理者行为→制度层面→员工行为。其中，高层管理者行为对企业文化的传承有极大的决定意义。

"只有管理层把企业的核心价值观牢记于心，并坚持以身作则，员工才能更好地贯彻执行，并最终形成一种习惯"。李宁公司把影响高层管理者行为作为企业文化建设的重点，从严要求和约束管理层。

在崇尚运动这一点上，公司的领导层承诺每周至少从事两个小时的运动，即便出差在外也要坚持。

目前，李宁公司每年还有一场运动会，各个运动项目都有，公司的所有高层领导都要参加运动会的开幕，有实力的也要参加比赛。

不仅如此，公司员工自发成立的足球、篮球、排球、游泳、健身、羽毛球、网球俱乐部，还定期举办活动。公司从各个方面支持内部的运动团体，这些运动团队在成立之初就可以从公司拿到一定的费用，每年开展活动的花费也可以做一个预算，财务部门会根据需求给予资金方面的支持。"对于本年度活动开展不好的团队，公司会从资金支持上削减费用作为惩罚，目的不是为了节约，而是更进一步地促进运动项目的开展。"

"诚信、激情、求胜、创新、协作都可以通过运动去培养。"在不断的运动中，李宁人表现得更加自信，并且能够不断地发掘潜能、超越自我。李宁人是非常聪明的，通过崇尚运动这一大众普遍认同的观念，把企业的价值观巧妙地糅合进去，在运动中既宣扬了全民健身、增进健康的理念，同时也把李宁这个品牌送进了千家万户。

▷ 7.3.5 班组如何开展企业文化建设？

如前所述，企业文化对于企业的生存和发展都至关重要。任何企业都必须认真开展企业文化建设。企业文化建设是一个长期而艰巨的系统工程。首先是企业高层管理者要有一个整体规划和安排。车间和班组通常是配合和协助企业开展此项活动。当然，企业文化建设要落到实处，绝对离不开车间和班组的支持和投入，积极开展、认真抓好企业文化建设，车间和班组责无旁贷。

作为最基层的班组，要顺利开展企业文化的建设，必须组织班组员工弄清以下四个问题：

① 企业文化建设对企业的生存和发展具有十分重要的意义。
② 企业员工是企业文化建设的主体。
③ 车间和班组领导是企业文化建设的中坚力量。
④ 班组开展企业文化建设应遵循一定的原则。

7.3.6 企业文化建设具有何种意义？

企业文化建设，对于社会主义精神文明建设，对于变革我国的管理体系、建立现代化企业体制，对于强化思想政治工作、提高企业员工的素质，对于提高企业的知名度等，都具有十分深远的意义，如表7-12所示。

表7-12 企业文化建设的意义

意义	具体体现
有利于促进社会主义精神文明建设	企业精神是企业文化的灵魂，企业精神又是社会主义精神文明建设在企业中的集中反映，企业文化是民族传统的优秀文化与先进的时代精神相结合的产物，因此搞好企业文化建设对于提高我国企业的社会主义精神文明水平具有深远的意义
有利于建设有中国特色的社会主义现代企业管理	企业文化建设中，一方面，我们要继承和发扬民族传统文化中的优秀成果，弘扬优秀的民族精神，克服民族文化中的旧观念、旧思想、旧习惯；另一方面，我们要引入世界各国、各民族的先进管理经验，使之与本企业、本国的实际结合起来，塑造具有中国特色的企业文化和企业管理模式。企业文化是在企业管理的实践中不断变革和发展的，企业文化建设是以人为本而展开的，企业文化在充分挖掘员工的潜能、调动员工的积极性、发挥员工自我管理和自我控制的作用等方面有着强有力的影响，这些都是现代企业管理的体现。因此，企业文化有利于给企业管理注入新的活力，形成具有时代精神的现代企业管理模式
有利于加强思想政治工作	我国社会主义革命和社会主义经济建设的胜利，从某种意义上讲，都是思想政治工作的胜利。思想政治工作是我们优良传统文化的瑰宝。每个企业都有健全的思想政治工作体系，这可说是中国特色之一。加强思想政治工作的目标之一就是激励人们的斗志。鼓舞人们的精神，激发人们为社会主义现代化事业坚持不懈地创新、奋斗。企业文化正是在企业价值观的要求下，充分调动人们的这种激情，因此企业文化是做好思想政治工作的有力工具
有利于提高企业在社会上的知名度	企业文化建设使企业具有自身特质的优秀文化，在企业的生产经营活动中，向社会展示出高尚的企业价值观、开拓创新的企业精神、良好的经营风格、优质的服务等，这些无形中向社会、向外界提供了可信赖的信息，从而使企业在社会上塑造良好的企业形象，扩大企业在社会上的影响，增强企业在社会上的知名度

7.3.7 企业文化建设的主体和中坚力量是谁？

7.3.7.1 职工是企业文化建设的主体

企业文化是一种群体文化，是以人为中心来研究如何提高职工的文化素质和心理素质，以达到提高企业经济效益目的的一种崭新的企业管理理论。企业文化之所以具有强大的功能和威力，就是因为它是以人本为原则，在唯有职工才可以创造企业文化这一观点的指导下，找到了创造现代企业物质文明和精神文明之源，即职工是开启现代企业文化源泉的主体。所以，企业文化建设必须抓住这个主体，培养与提高企业职工的素质，使中华民族文化特性、时代精神特性和社会主义市场经济观念的特性都凝聚在企业职工中，使之成为有高度素养的"文化人"，并能自我开发，实现其自身报效祖国、奉献社会的价值。

企业文化建设应使职工注重新文化的创建。当前，企业文化的创建与创新主要有：

① 企业经营思想的创建与创新；
② 企业作风的创建与创新；
③ 企业价值观的创建与创新。

【案例7-8】 松下：员工是企业的主人翁

松下取得如此巨大的成就，很大一部分原因是在以人为本的管理理念中具有"视员工为企业的主人翁"的思想。松下幸之助说"事业的成败取决于人""没有人就没有企业"。松下认为，企业不是仅仅依靠总经理经营，不是仅仅依靠干部经营，也不是仅仅依靠管理监督者经营，而是依靠全体员工来经营，他们称之为"集合智慧的全员经营"。员工不仅要从事生产，还要努力成为企业决策的一员，松下鼓励全体职工参加企业的决策及管理，使他们在生产上、经济上、社会上都有显现自己才能的机会，真正成为企业的主人。"集合众智，无往不利"，这是松下幸之助凭借70余年经验悟出的真理。一个企业，如果仅仅把员工作为可以榨取剩余价值的劳动力，员工就可能消极怠工，只想着如何把钱混到手；如果把员工作为企业的主人翁，员工就会拼体力、用智力，倾其全力为企业发挥出巨大的力量。

比如，在20世纪30年代经济大萧条时，日本的许多工厂倒闭，公司接连破产。松下也发生了产品销售锐减、库存产品急剧增加的经营困难。松下视员工为企业的主人翁，因而其拟定的方针和处置的办法与其他企业经营者大不相同。为防止库存品急剧增多，松下立刻命令制造部门减产，同时宣布：第一，绝不裁减员工；第二，决不减少员工薪水，员工实行半日制，但工资按全天支付。松下将公司所遭遇的实际困难，坦白地告诉所有员工，期望他们齐心协力推销公司的产品，帮助企业渡过难关。在这种情况下，员工心存感激，发奋工作，积极地到处推销，在两个月的时间里，将仓库里堆积如山的商品全部卖光。松下胜利渡过了经济萧条的大难关。

既然员工是企业的主人翁，那企业主在员工管理上如何来体现这一原则呢？松下幸之助有一段著名的论述："当员工增至100人时，我必须站在员工的最前面，身先士卒，发号施令；当员工增至1000人时，我必须站在员工的中间，恳求员工鼎力相助；当员工达到1万人时，我只要站在员工后面就行了。"

7.3.7.2 车间和班组领导是企业文化建设的中坚力量

建设车间、班组的企业文化，当然离不开车间主任、班组长。车间、班组领导，要以企业文化建设为推手，激励职工的劳动热情，要眼光远大、胸怀大志，具有大无畏的创业精神，引导车间、班组建立和识别企业文化，不失时机地进行文化转换，实现企业文化的更新，并且有组织地实施文化整合，创建生气勃勃的企业文化，因此可以说，车间、班组领导是建设车间、班组企业文化的中坚力量。

➢ 7.3.8 班组开展企业文化建设应遵循哪些原则？

企业文化反映一定历史时期社会经济形态中企业活动的需要，企业文化建设是一项创新的复杂系统工程。由于环境和民族文化的不同，建设和维系企业文化就有其不同的途径。但是，各国企业文化的建设也存在共性，通常应遵循如表7-13所示的指导原则。

表7-13 企业文化建设应遵循的指导原则

原则	具体释义
目标原则	企业行为是有目标的活动。企业文化必须明确反映组织的目标或宗旨，反映代表企业长远发展方向的战略性目标和为社会、顾客以及为企业员工服务的最高目标和宗旨。企业文化的导向功能使企业中的个体目标与整体目标一致，并且每个职工都因此感到自己的工作意义重大。企业全体员工有了明确的共同目标和方向，就会产生自觉的行动，为实现企业目标去努力奋斗
价值原则	企业的价值观是企业文化的核心。企业文化要体现企业的共同价值观，体现全体员工的信仰、行为准则和道德规范，它不但为全体员工提供了共同的价值准则和日常行为准则，同时也是企业团结员工、联系员工的纽带，是企业管理的必要条件。每一个员工都应将自己与这些准则和规范联系起来，自觉地为企业目标努力
卓越原则	企业文化包括锐意进取、开拓创新、追求优势、永不自满等精神。企业文化应设计一种和谐、民主、鼓励变革和超越自我的环境，从主观和客观上为企业员工的创造性工作提供条件，并将求新、求发展作为企业行为的一项持续性要求。企业必须根据变化的情况对自己的产品不断做出相应的调整，才能立于不败之地。追求卓越、开拓创新才能使企业具有自己的风格和特色，这是企业充满活力的重要标志
激励原则	企业和企业领导应该对员工的每一项成就都给予充分的肯定和鼓励，并将其报酬与工作绩效联系起来，激励全体成员自信自强、团结奋斗。成功的企业文化不但要创造出一种人人受尊重、个个受重视的文化氛围，而且要产生一种激励机制。每个员工所做出的成绩和贡献都能很快得到企业的赞赏和奖励，并得到同事的支持和承认，从而激励企业员工为实现自我价值和企业目标而不断进取，提高企业的效能

续表

原则	具体释义
个性原则	企业文化是共性和个性的统一。任何企业都应遵循企业管理的共同客观规律，这构成了企业文化的共性部分。但由于民族文化环境、社会环境、行业、企业历史、企业目标和领导行为的不同，因而形成了企业文化的个性。中国企业应借鉴外来企业文化的经验，但必须坚持中国特色企业文化和坚持社会主义企业文化这两条原则。正是企业文化的鲜明个性，使企业形成了本企业的独特风格和风貌
民主原则	现代企业文化的建立需要一个适宜的民主的环境。民主的企业内部环境使每个员工都把企业当作自己的家，自发而慎重地参与企业的决策和管理，积极进取和创新，这样就有利于发挥个人的潜能。在这样的环境中工作，不但有利于提高工作绩效，还会使企业员工产生精神上的满足感。因此，企业文化应设法创造出一种和谐、民主、有序的企业内部环境
相对稳定原则	企业文化是企业在长期发展过程中提炼出来的精华，它是由一些相对稳定的要素组成的，并在企业员工的思想上具有根深蒂固的影响。其建立应具有一定的稳定性和连续性，具有远大目标和坚定理念，不会因环境变化或成员去留而发生变动。不过，在保持企业文化的相对稳定性的同时也要注意灵活性，企业只有在内外环境变化时及时更新、充实企业文化，才能保持活力
典型原则	每个企业的发展，都是通过群体的力量推动的，但是不能忽视群体中出色卓越的典型事例和英雄模范人物的鼓舞、带头作用。"榜样的力量是无穷的"，在企业文化建设中，要充分注意先进典型的培养。只有那些敢于开拓、敢于创新、敢于献身、不畏艰险、积极从事发明创造的英雄模范人物，才能带领和影响整个企业创造出惊人的业绩

【案例7-9】 惠普："尊重个人价值"的精神

美国的惠普电子仪器公司，在40多年前还只是一个只有7名职工，538美元资本，设在私人汽车库里的小作坊，现在它已成为拥有遍及全球的40多个分公司，200个销售服务点的国际性大企业，职工已达7万名，生产5000多种产品，年销售额近50亿美元，堪称美国当代企业高速发展的典型。在一项调查中，20位惠普高级主管中的18位都认同公司的成功靠的是对个人价值的尊重。这个宗旨又叫"惠普精神"，主要表现在以下几方面：

① 实行弹性工作制。给职工以充分自由，使每个人得以按其本人认为最有利于完成工作的时间、方式，达到本公司的总体目标。

② 不拘礼仪直呼其名，不冠头衔。

③ 走动式经营。主管们以不拘形式地上下左右沟通方式进行管理。如"巡视管理""喝咖啡聊天"等沟通方式。许多问题就这样不拘形式地以非正规方式解决了。

④ 实行终身雇用。在经济衰退期间不减员，而采取全员减薪20%，减工作量20%的办法，总经理也不例外。

⑤ 实行"开放实验室备用品库制度"。一切备用品,工程师们为了搞实验,可以任意拿回家中个人使用,而且备用品库门一直开放。

⑥ 公司宗旨清楚写着:"组织之成就乃系每位同仁共同努力之结果。"

7.4 班组的员工管理

7.4.1 班组在管理中如何营造一个良好的人际氛围?

班组的员工们都是天天面对面打交道的一个工作群体。由于大家性格各一,家境迥异,难免会发生一些矛盾和纷争,要实现团结、和谐、交往起来亲密无间、工作起来心情舒畅,班组长在实行管理时,首先必须设法营造一个良好的人际氛围。班组营造良好人际氛围的措施如表7-14所示。

表7-14 班组营造良好人际氛围的措施

措施		具体做法
重视人的管理	在管人、用人、激励人、营造一个融洽的、都积极进取的人际关系上下功夫	① 班组长的人格塑造。班组长应该随时检讨自己的日常行为规范,努力塑造一个诚信、规范、激情的形象,给上上下下一个模仿或者参照的标准 ② 建立一个相对公平和公正的考评机制,让员工的付出与回报相匹配 ③ 有一个合理的、良性的分配和奖励机制 ④ 有计划系统地对员工进行系列性的培训,营造一个学习的文化氛围,有效地抵制赌博、打架等不良行为的发生 ⑤ 适当地组织员工开展诸如运动会、文体活动、郊游、年节聚餐、员工的生日祝福等,增强感情联系 ⑥ 班组长一定要和员工加强沟通
合理利用人才	企业的生存和发展,第一重要的因素就是人才的得失与合理利用	① 知人善任、扬长避短。发挥员工的长处,规避其缺点将每位员工都安排在合适的岗位上 ② 培养教育、增长才干。加强员工的思想教育及业务培训,培养员工正确的工作态度,并具备良好的工作技能 ③ 真诚赏识、发掘潜能。既要勉励那些优秀员工不断作出新贡献,又要善于发现并诱导那些表现并不尽如人意甚至是"问题员工"发挥自己的特长,不断争取进步 ④ 奖惩分明、公平竞争。建立明确的奖惩制度,而且要严格执行。有功即奖、有过即罚,这是激励员工、培养员工的竞争意识、增强员工的责任心的最直接方式

续表

措施		具体做法
视下属为伙伴	班组长在日常工作中要与下属建立起相互信赖的关系，视下属为合作伙伴	① 真挚问候。人与人之间的交往始于相互问候，"问候"就是打开自己的心扉，表示自己的亲切和好意，期望加强彼此之间的关系。问候下属时，有时应适当地对下属表示关心和体谅 ② 关心下属。在工作中，对下属表示关心，就会得到更多的信赖，当然工作的结果也会更好，对同事表示关心可换来友情和帮助 ③ 鼓励下属。最能激发人潜能的方法就是赞扬和鼓励。一个人在受到赞扬、得到鼓励的情况下去工作，其工作热情会更高、工作效果也会更好。 ④ 帮助下属。不管是公事或是私事，只要下属遇到困难，班组长都应给予积极的帮助或帮着出主意 ⑤ 用人所长。每个人都有自己的特长，任何人都希望别人认同自己的独特性，希望别人了解自己、尊重自己。管理者应善于发现下属的特长、兴趣和爱好，对其长处给予充分利用，让其尽最大努力地发挥作用
巧用激励手段	激励方法很多，如理想激励、目标激励、榜样激励、任务激励、制度激励、物质激励、荣誉激励等	① 不要脱离物质奖励，片面地使用精神激励。运用精神激励时，一定要发自内心鼓励，要有真情实感，防止造成"不实在"的印象 ② 坚持物质激励和精神激励相结合。两者缺一不可，也不能互相代替，问题在于巧妙地结合运用两种方式 ③ 让员工认识并处理好满足需要与承担义务之间的关系。满足需要是承担义务的动因，承担义务又是满足需要的基础和前提 ④ 要注意激励的层次性和时间性。例如，有的员工家庭经济困难，发奖金的激励作用就实在一些；而后进的员工希望大家对他有新的评价，他就特别希望获得荣誉奖励 ⑤ 奖励要掌握适度和公平的原则。各项目标、指标既不能过高也不能偏低，要使员工经过努力可以实现，而且完成目标的条件要均等。典型事迹和数据要真实，应经得起考证和时间的考验 ⑥ 保持上下沟通，认真研究员工个人需求的心理变化
表扬与批评的技巧	表扬和批评都应实事求是、恰如其分	① 注意发现员工的优点。只要员工在某项工作中有成绩或在某个方面有进步，就可以表扬，不要求多，不要求全 ② 表扬要有侧重点。班组长的表扬主要是基于工作需要的表扬，表扬的侧重点应放在实现班组乃至企业的中心目标上，或是启发员工发挥工作潜力方面 ③ 表扬的时机要恰当。表扬要及时，最好"趁热打铁"；当上一次表扬的作用即将消失时，即应争取进行第二次表扬 ④ 表扬要实事求是、恰如其分。否则，这种激励手段反而会因失实引起反感 ⑤ 表扬的方法要得体。表扬的方式要因人而异，对年轻员工可稍带夸奖，对德高望重的老师傅应带有敬重；表扬的方法要灵活多样

续表

措施		具体做法
表扬与批评的技巧	表扬和批评都应实事求是、恰如其分	⑥ 批评本是激励的另一种形式。运用得法，能纠正偏离正常秩序的行为，同样能激发员工的生产积极性，提高工作效率；然而运用失当，则会打击员工的积极性，甚至影响团结 ⑦ 批评的分寸最难掌握。批评轻了，起不到警示作用；批评重了，又可能伤了员工的自尊。关键在于要弄清事实真相和危害程度 ⑧ 批评的方式也要因人而异。由于经历、知识、性格和个人修养的不同，人们对批评的承受能力也不同。因此，应根据人的特点，选择合适的场合和合适的批评方式 ⑨ 一般来说，批评要注意以下几个原则：指责不要太离谱，不要追究共同责任，不要重复批评，不要背后批评，尽量不要让第三者在场，不要使用挖苦讽刺语言，要注意控制自己的情绪
教育员工实现自身增值		① 班组长应经常教育员工如何实现自身增值，并给予他们方向性的指导 ② 指导员工掌握处理事情的技巧，加强与领导和同事的沟通 ③ 指导员工注意工作效率和方法，加强团结协作，发挥团队作用，不断创新，做出实绩

➢ 7.4.2 班组为什么要对员工进行教育培养？

加强对员工的教育和培养，是企业发展的需要，是提高企业竞争力的需要，是企业跟上科学技术进步步伐的需要，也是企业稳定职工队伍的需要。离开了对员工的教育与培养，企业就会成为一潭死水，就会成为无源之水、无本之木。因此，有计划、分阶段、针对性地对员工进行教育培养是十分重要的。

➢ 7.4.3 班组应如何对员工进行教育培养？

班组对员工进行教育和培养的内容及方式如表7-15所示。

表7-15 班组对员工进行教育培养的内容与方式

项目	类别	具体内容
教育培养的内容	政治思想教育	进行爱国主义、集体主义、社会主义核心价值观的教育
		进行企业文化、企业规章制度、安全生产等的教育，培养员工的企业风尚、企业精神和企业凝聚力
		加强员工思想素质的培养，增强其进取心、竞争意识、创新意识和对事物的分析能力、判断能力，培养员工耐心细致的工作作风
	专业技术培养	专业理论知识讲座，提高员工分析技术问题的能力和创新能力
		专业岗位培训，提高员工的技术操作水平、产品加工质量和工作效率
		综合能力培养，逐步实现一专多能，达到企业"少人化"的管理目标

续表

项目	类别	具体内容	
教育培养的方式	① 专题讲座	② 操作示范	③ 岗位训练
	④ 岗位交叉培养	⑤ 技术研讨会	⑥ 技能训练专栏

7.5 班组管理的常见问题及其对策

7.5.1 班组内同事之间发生矛盾怎么处理比较恰当？

一个班集体，20~30个人天天在一起，干着同一项工作，或者干着不一样的工作，同事之间产生意见分歧，发生一些矛盾甚至对立，这是不可避免的。遇到这种情况，班组长绝不能置之不理，听之任之，必须及时消除分歧、化解矛盾，避免发生影响班组团结、削弱团队战斗力的严重后果。那班组长应该怎么样处理比较合适呢？建议采取表7-16所示的策略处理。

表7-16 处理班组同事间分歧和矛盾的策略

问题	相应策略
同事间发生分歧和矛盾	① 对分歧和矛盾不可视而不见，装聋作哑，要避免局面弄僵，耽误处理矛盾的最佳时机 ② 调查研究，了解矛盾的起因，分清是非，作出合理判断，切忌主观臆断 ③ 不要随意责备双方，要肯定双方好的主观意愿，指出双方分析问题的片面性，合理调解，引导双方各自作自我批评 ④ 一把钥匙开一把锁，针对员工的不同性格和修养，采取可以获得最佳效果的不同评判方式，让双方都能心服口服 ⑤ 化解矛盾一定要一次到位，不可留尾巴 ⑥ 调解的过程中，应尽可能保持平和心态，要耐心听取双方的陈述，不可急躁 ⑦ 客观分析矛盾的危害及对工作的影响，勉励双方放下包袱，心情舒畅地投入工作 ⑧ 对于班组无力调解的矛盾，应果断提请上级相关组织帮助

7.5.2 班组长如何做好上传下达？

作为班组长，有责任向员工不折不扣地传达和执行企业和车间的决议，也有义务向上级主管部门反映基层群众的意见、要求和合理化建议。这种上传下达的工作可按

表7-17所示的要点进行。

表7-17 班组长做好上传下达工作的要点

项目	工作要点
上传	①班组长是上下级沟通的桥梁，向上司反映员工的意见和建议义不容辞，但不可原样照传。汇报前应先与提意见者做一下沟通，将意见做些梳理，使意见清晰明了，有参考价值，最好采用书面报告的形式 ②班组长吸纳员工意见，不能只当"传声筒"，有些问题班内能解决的就自己解决，绝不要矛盾上交 ③好的建议被采纳后，班组应及时给予肯定和表扬，产生了效益的还应予以奖励，要鼓励员工关心集体，为公司的发展争作贡献
下达	①充分理解上级决议的目的、要求、执行方法。这不是把通知往告示栏一贴了事。如果自己没有充分理解决议，那么员工该如何执行？执行就可能走样 ②不能播下种子就只等收割，上级决议贯彻后，工作做了安排，还要定期检查进度了解执行情况，研究解决执行中出现的问题，有必要的话还可请求车间甚至企业领导帮助 ③做好员工的疏通、解释工作。上级决议下达后，总有人不理解，甚至出现与个人利益相冲突的情形，这时班组长就应该耐心地做好解释工作，处理好可能发生的矛盾 ④及时地沟通反馈。尤其是上级的决议下达后，员工中反应强烈的情况必须及时反馈，寻求有效的对策，避免可能造成严重后果

➢ 7.5.3 班组长如何对待"多管闲事"的员工？

经常会有一些员工思想比较活跃，喜欢"多管闲事"，对此可按表7-18所示的要点处理。

表7-18 班组长对待"多管闲事"的员工的处理要点

问题	处理要点
员工越级报告	①与上级认真沟通，达成共识，有错必纠，无则加勉。对一些别有用心的越级报告予以抵制 ②对那些对自己有意见，平时沟通不够的员工以及那些对自己缺乏信任的员工，应开诚布公倾谈，消除疑虑，增进友谊，加强合作 ③对个别热衷于越级报告者，应进行说服教育，一切要从帮助同志、改进工作、共同进步为出发点 ④不可对越级报告者有任何打击报复的想法和行为，哪怕其反映的问题有错误，甚至动机有问题，也只能进行说服教育，让其认识其错误，避免今后再犯

续表

问题	处理要点
爱打别人的小报告	① 对报告内容进行适当的调查分析，不可轻易肯定或否定 ② 指出其积极提供信息是对的，但如果自己能解决的问题，勉励其自己解决，尤其是真心帮助同事，完全可以通过互相交谈解决，这样还能增进友谊 ③ 在不伤害其自尊心的情况下，用谈心的方式指出其心中有杂念的一面，帮其克服 ④ 以冷处理为主，确实是员工有喜欢打小报告的毛病，也应慢慢帮他改进
总爱给别人挑刺	① 对周围的事物有敏锐的洞察力，能发现问题，有值得鼓励的好的一面 ② 指导其辩证地客观地看待世界和周边的人物，要承认人与人之间有差距 ③ 凡事从自己做起，要拿出诚意来帮助别人，不要有恃才傲物的倾向 ④ 对不切实际的意见应坦率地提出批评，勉励其注意意见的准确性，避免伤害同事
凡事总爱抱怨	① 多和员工交心，了解员工所发现的不够公正的事情，妥善解决 ② 帮助员工端正心态，世上发生不良现象实属正常，人人有责任帮助设法改进，不可只停留在口头指责上 ③ 勉励员工对那些不合理的事物，通过分析，用适当的方式作为建议向有关部门提出 ④ 勉励员工凡事多客观地分析，尤其要排除个人得失对分析问题的干扰 ⑤ 耐心倾听，了解起因，有效沟通，果断处理

➢ 7.5.4 班组长如何让员工信服自己？

班组遇到不服自己管理的员工怎么办？遇到与自己无法沟通的员工怎么办？建议按表7-19所示的要点处理。

表7-19 班组长对待不服管理、无法沟通的员工的处理要点

问题	处理要点
员工不服管理	有的班组长刚刚被提拔上来，有员工认为自己或某位同事更有资格晋升上来时，他的表现往往是不服，或者出一些难题故意为难。发生这种现象时，切记要沉住气，不可对着干。要用实际行动证明自己能胜任此工作
	谦让往往是制服傲慢者的杀手锏。作为班组长，一定要大度，要找机会、找话题和对方多接触，让对方慢慢发现你的长处，或者让时间证明一切，通过工作中的表现证明你不是一个弱者。不要摆带头人的架子，而要真正做出带头人的样子
	无论如何，都要努力学习，不断提高自己，不仅要使自己具有高尚的人格，更要有解决技术难题的专业本领。这样，你自然会受到手下员工的拥戴
无法沟通	首先要查清原因。如果是因为你初上任，心中不服，则按如前所述办法处理；如果是因为从前某事心存过节，则应通过交换意见，消除误会；如果该员工就是这种个性，不愿与他人合作和沟通，则应慢慢改变此人的封闭式个性，设法让他变开朗，使其融入班组这个群体中

续表

问题	处理要点
无法沟通	班组可多开展一些集体活动，使这些性格孤僻的人慢慢与班集体融洽起来
	安排一个与此人接触较多，又善于开导人的同事，经常与之谈心，使之性格活跃起来
	更深入、细致、全面地了解此人，热情地帮助他解决学习、生活、工作上的困难，动之以情

▶ 7.5.5 班组长如何正确对待因违纪而受处分的员工？

员工违纪，给予处分，本是天经地义、无可非议的常事。然而处理不当，也会带来负面影响。对待因违纪而受处分的员工，班组长可按表7-20所示的要点处理。

表7-20 班组长正确对待因违纪而受处分的员工的处理要点

事由	处理要点
员工违纪受到处分	① 态度坚决。需要采取纪律处分时，不要为了方便工作或偏袒员工而免于纪律处分；作出处分决定后，要对员工讲清楚为什么有这样的处分，还要分析如果问题不解决，将会有什么后果 ② 公正公平。采取纪律处分时，应一视同仁，对每个人都引用同样的规则采取同样的行动；所给的处分要适当，不应该太严厉或太宽容 ③ 治病救人。必须采取适当的纪律处分时，除做到坚决、公正外，也应该对员工表示信任及支持，对其接受处分的良好表现应予以肯定

▶ 7.5.6 班组长如何管理技术员工？

技术员工是具有一定技能的少数群体，是生产中颇受依赖的骨干力量。这个群体绝大部分人工作都兢兢业业、任劳任怨、踏实肯干，对这部分人的管理显然十分重要。班组长对技术员工的管理可以采用如表7-21所示的举措。

表7-21 班组长管理技术员工的举措

议题	具体举措
如何管理技术员工	① 班组长不可摆架子。技术员工具有独立的思考能力，有自己的价值观和抱负，他们往往和管理者一样对很多事情有深刻的认识。班组长应该放下自己的架子，与员工平等相处。讨论技术问题，班组长有时可能会出点笑话，这种时候班组长要虚心接受现实，绝不可不懂装懂，强词夺理，甚至以势压人 ② 充分听取技术员工的意见，高度重视技术员工的建议。千万不要计较技术员工提建议的态度和语调，不要将他们批评视为抱怨，必须静下心来，仔细分析，在某些问题上，他们可能比班组长更有见地。一定要把技术员工当成自己志同道合的合作者，会更有利于工作的开展

议题	具体举措
如何管理技术员工	③ 探讨和命令并重。有些技术员工凭借一技之长，不喜欢被别人命令，而喜欢根据自己的意愿去做事。对待这样的技术员工，一方面尽量尊重他的正确意见，另一方面当大家在一起讨论达不成一致，有可能影响生产时，就需要果断决策，并采用命令方式强制执行 ④ 要敢于批评。不必担心技术员工害怕批评，因为技术员工对待批评可能更加理智和客观。只是批评者应以理服人，态度诚恳，员工往往不但不会生气，还可能会更佩服班组长的管理才能 ⑤ 制度的公正性比合理性更重要。技术员工通常比较看重业绩考评。业绩考评很难让每个人都满意，所以，制度的公正性比合理性更重要，即便某个制度不尽合理，但只要对每位员工一视同仁，往往不会产生大的矛盾

➢ 7.5.7 班组长如何安抚失意员工？

人生中谁都难免会遭遇不如意的事情，如病患、感情波折、家庭矛盾、被人误解等。挫折、失意、悲伤、愤怒、惊惧等常使人萎靡不振，工作效率低下，甚至失去理智，失去工作激情、前进动力和创造性。员工的失意情绪，是扰乱工作的消极因素，摆脱失意情绪困扰，是一个重新调整自我、重树信心的自然过程。所以，作为班组长一定要毫不犹豫地伸出援手，安慰并帮助员工度过人生的艰难时期。安抚失意员工的方法如表7-22所示。

表7-22 班组长安抚失意员工的方法

议题	具体举措
如何安抚失意员工	① 调查了解员工在哪方面失意，失意原因何在 ② 尽力帮助员工及其家人到企业外部去寻求帮助，让员工重获心理平衡并提高工作效率 ③ 积极创造条件，帮助员工恢复其原来的正常生活 ④ 给予时间和自由，让时间抚平其创伤，使员工慢慢地从痛苦中振作起来

➢ 7.5.8 班组长如何管理"问题员工"？

你的班组存在下列现象吗？

——有些员工特别难相处，既不愿交心，又听不得任何反对意见。

——有些员工工作缺乏动力，不愿意多工作一分钟。

——有些员工工作状态总是吊儿郎当，满不在乎，让人放心不下。

——有些员工特别喜欢斤斤计较，动不动就闹情绪。

——有些员工总喜欢唱唱反调，常表现出不服从安排的样子（实际上他还是照办了）。

——有些员工常提出要"跳槽"，换岗位。

……

凡此种种。这些问题确实会给班组长带来一些困扰。对待班上的这些"问题员工"，可以参照表7-23所示的方法逐步解决。

表7-23　班组长管理"问题员工"的方法

举措	具体方法
调查研究	掌握一手信息，了解到底有些什么问题，予以分类，以便对症下药
自我反省	班组长首先应自我反省，属于工作失误引起的，则应勇于承担责任，在适当的场合说明情况，并提出改进措施
对症下药	针对具体问题、具体人，分别开展个人谈心活动，平心静气、真心相待，开展互帮互助
常开座谈	多开班组座谈会，让大家有机会沟通，敞开胸怀、畅所欲言、一吐为快、解开心结
关怀备至	对员工中存在的实际问题和困难，班组长一定要深表关怀，尽最大限度可能帮助解决

【案例7-10】 某机械厂三车间机修班赵"皮匠"的"脱胎换骨"

可能许多班组长都遇到这样的员工：平素不会犯什么大错；时不时和你唱唱反调，让人很不舒服；接受任务也不干脆，一副满不在乎的样子，给人感觉就是"吊儿郎当"。某机械厂三车间机修班的赵一藩就是这样一个人。由于他经常发牢骚，还和班长顶牛，皮皮塔塔，"不进油盐"，大家送他一个外号叫赵"皮匠"

新来的李勤班长一到任就听人说起赵"皮匠"。机修班才十多个人，遇上这么个"牛皮筋""问题员工"，怎么办呢？

李勤一边犯嘀咕，一边仔细观察、认真分析起来。他走访了班上的几位老员工，他们都说，赵一藩其实是个很纯朴的小伙子，做人有底线，有技术，接受能力强，头脑反应也快，分析问题还真有一套。那他为什么就成了"不进油盐"的"皮匠"呢？有位员工分析说，他可能是有点不服原来的班长管。原班长年纪大一点、资格老一点，有时有点摆架子，只接近那些喜欢说好话的人，时不时抓抓赵一藩的小辫子，讽刺挖苦他，还训斥过他，多年来班务会上从没说过赵一藩一句好话。

啊！李勤这下弄明白了。一个让赵一藩"脱胎换骨"的计划在李勤脑子里渐渐形成了。

一个礼拜后的一天，李勤突然微笑着来到赵一藩面前。"赵师傅你好！忙吧？"李勤亲切地跟赵一藩打招呼。赵一藩抬了一下头，照样没理李勤。"赵师傅，有个事情想和你商量一下，"李勤仍然面带微笑说，"我看那边那台万能外圆磨，旧是旧了点。我估摸了一下，也问了一下其他师傅，都说修一下还可以用。你是我们班技术最过硬的，你觉得怎么样？你表个态。你说了算。" 赵一藩听这么一说，才转过身，望了望李勤。停了十来秒钟，他终于出声了："我原本也认为还可以修复，只是……"

"那好"李勤突然高兴地大声说，"这任务就交给你，你愿意接吗？" "我？"赵一藩不敢相信地问道，"你们相信我？" "当然相信啦！那，赵师傅，这任务就交给你了。你手中其他的活我另作安排。修理过程中，有什么困难只管找我，我全力支持你。"最后，李勤握着赵一藩的手说，"我相信你一定能很好地完成任务。"赵一藩被眼前的这一幕惊住了。小伙子第一次眼眶里噙着泪花。

一个半月后，万能外圆磨修好了。李勤另请来班上几位老师傅一起参加试车。大家无不竖起大拇指对赵一藩表示称赞。

第二天，李勤立即召集全班成员开了一个现场会，对赵一藩的表现大加赞扬，希望大家学习赵一藩这种主人翁的工作态度，也希望赵一藩今后更加努力，为企业多作贡献。

此事之后，赵一藩感觉到了人们对他的重视和关注。他见到班长也会点点头，见到同事也能面带微笑了，再没有了那副冷冰冰的面孔。他更加埋头苦干，车间维修后的废弃物以前都随手乱扔，现在他会分类处理好。还能经常听到他给班里的管理提出一些很好的建议。

人们欣喜地看到，吊儿郎当的赵"皮匠"真的"脱胎换骨"了！

第8章 班组的安全生产与环境管理

8.1 安全生产

8.1.1 何谓安全生产工作?

安全生产是企业管理的一项义务和重要任务。安全的含义有两个方面:一是人身安全;二是设备安全。只有保证了人和机器设备的安全,生产才能顺利进行。

> 概括地说,企业在生产过程中围绕工人的人身安全和设备安全开展的一系列活动,称之为安全生产工作。

安全生产是国家领导和管理生产建设事业的一贯方针,其基本含义是:生产必须安全,安全促进生产。因为,离开了安全,就不能正常地进行生产;离开了生产,讲安全就失去了意义。所以,安全和生产,两者必须同时抓好,不可偏废。但在安全与生产发生矛盾时,强调安全第一,必须保证在安全条件下进行生产。

8.1.2 安全生产工作有何特点?

贯彻安全生产方针,必须注意安全生产工作的特点。安全生产工作的特点如表8-1所示。

表8-1 安全生产工作的特点

特点	具体含义
预防性	必须把安全生产工作做在发生事故之前,尽一切努力来杜绝事故的发生。安全工作必须树立预防为主的思想
长期性	企业只要生产活动还在进行,就有不安全的因素存在,就必须坚持不懈地做好安全工作。这是一项长期性的、经常性的、艰苦细致的工作

续表

特点	具体含义
科学性	安全工作有它的规律性,各种安全制度、操作规程都是经验的总结。只有不断地学习有关安全的知识,才能掌握安全生产的主动权
群众性	安全生产是一项与广大职工群众切身利益密切相关的工作,必须使它建立在广泛的群众基础上,只有人人重视安全,安全才有保障

➤ 8.1.3 搞好安全生产工作的意义何在?

搞好安全生产,对国家和企业都有着十分重要的意义,如表8-2所示。

表8-2 搞好安全生产工作的意义

意义	具体含义
以人为本,保护工人的安全和健康是重大的政治问题	在一个现代文明的国家里,在任何一个现代企业中,劳动者是国家的主人、社会的主人、企业的主人。保护工人在生产中的安全与健康,是国家法律和政府政策的重大问题,是重大的政治问题
人是劳动者,发展生产首先要爱护劳动者	在一个企业里,人和设备工具构成企业生产力。人是劳动者,发展生产主要靠人,因此企业发展生产首先要爱护劳动者,当然也要爱护设备。也就是说,要搞好生产,必须保障劳动者的安全和设备的安全
保证劳动生产安全,是国家经济建设和企业生产发展的一个极为重要的条件和内容	生产不安全,一旦发生了人身事故或设备事故,一是会打乱正常的生产秩序;二是增加开支;三是人身事故导致本人痛苦,又增加工人医疗、休工费用。所以,生产不安全对国家、企业和个人都是极为不利的

➤ 8.1.4 企业生产存在哪些安全隐患?

企业生产存在的安全隐患如表8-3所示。

表8-3 企业生产存在的安全隐患

隐患	起因
物理方面	声、光、强磁、放射性等引起的急性伤害;火焰、熔融、金属、热液、热气等引起的灼伤、烫伤;触电引起的电击和电伤以及锅炉、受压容器和气瓶的爆炸事故等
化学方面	粉尘爆炸、化学物质爆炸、化学物质的急性中毒(铅、汞、强酸、强碱、汽油等的大剂量突然中毒)
机械方面	机器转动部分绞、碾设备和工具引起的砸、割以及物体打击、高空坠落等的伤害

➤ 8.1.5 企业安全生产的技术措施有哪些?

安全生产技术，是指为了消除生产过程中的危险因素，保证职工在生产过程中的安全所采取的技术措施。安全生产技术范围包括为了预防物理、化学、机械因素促成的突发性人身伤亡事故而采取的技术措施，分析研究事故的危害性、规律性、可防性及预防对策。安全技术措施的内容，主要是改进工艺和设备，实行机械化、自动化、电气化、密闭化生产，设置安全防护装置，进行预防性机械强度试验及电气绝缘试验；加强机械设备维护保养和计划检修。合理安排和布置工作地，对安全生产和提高劳动生产率有十分重要的作用。为此，在进行工厂设计、厂房位置、工艺布置和设备装置时，不仅要考虑经济合理性，还要考虑安全性。具体措施如表8-4所示。

表8-4 企业安全生产的技术措施

项目	具体措施
厂房建筑	厂房建筑要结构牢固，采光、通风良好，防止过度日晒，符合防火、防爆要求；厂房建筑与高压电线、储存易燃易爆物品的仓库应有足够的安全间距
工艺布置	工艺布置要符合防火、防爆和工业卫生的要求，并考虑过道和运输消防通道通畅
设备排列	设备排列应有安全距离和科学排列方式，考虑工人操作安全方便，不受外界危险因素影响
安全装置	设备要有安全装置，包括防护装置、保险装置、连锁装置、信号装置、危险牌示和其他安全装置

➤ 8.1.6 如何实施安全生产教育?

安全生产教育的实施办法如表8-5所示。

表8-5 安全生产教育的实施办法

项目		具体含义
作用		帮助职工正确认识安全生产的重要意义
		提高他们安全生产的责任心和自觉性
		帮助职工更好地掌握安全生产科学知识
		提高安全操作水平，保证安全生产的重要环节
基本内容	思想政治教育	主要是要教育职工提高对安全生产和劳动纪律的认识，正确处理安全与生产的关系，遵守劳动纪律，自觉搞好安全生产
	劳动保护政策和制度教育	要使企业全体职工都了解劳动保护的政策和有关制度，才能认真贯彻执行，保证安全生产

续表

项目		具体含义
基本内容	安全技术知识教育	一般生产技术知识教育的主要内容包括：企业基本生产概况，生产技术过程，作业方法，各种机具设备的性能和知识，工人在生产中积累的操作技能和经验，以及产品的构造、性能和规格等
		安全技术知识教育的主要内容包括：危险设备、区域及其安全防护基本知识，有关电器设备（动力及照明）的基本安全知识，起重机械和厂内运输的有关安全知识，有毒、有害物质的安全防护基本知识，一般消防制度和规则，个人防护用品的正确使用知识等
	典型经验和事故教育	典型经验和事故具有指导工作、提高警觉的教育作用。用安全生产的先进经验和发生的典型事故进行教育，可以使职工从正反两方面的对比中深刻认识安全生产的重要性，推动安全生产工作的深入开展
形式和方法	三级教育	企业安全生产教育的主要形式，包括入厂教育、车间教育和岗位教育
	特殊工种的专门训练	如电气、锅炉、受压容器、瓦斯、电焊、车辆等操作工人，必须进行专门的安全操作技术训练，经过严格的考试，取得合格证后，才能准许操作
	各级生产管理人员的培训	主要是提高他们对安全生产的认识和责任感，杜绝违章指挥，加强安全管理
	经常性的安全教育	一般应力求生动活泼、形式多样，如安全活动日、班前班后会、事故现场会等

➢ 8.1.7 如何组织安全生产检查？

安全生产检查是落实安全制度、推动安全生产的一个重要方法。通过检查，能够发现问题，总结经验，采取措施，消除隐患，预防事故的发生。安全生产检查的内容如表8-6所示。

表8-6　安全生产检查的内容

检查项目	具体内容
查思想认识	首先是检查领导对安全生产是否有正确的认识，是否能正确处理安全与生产的关系，是否认真贯彻安全生产和劳动保护的方针、政策和法令
查现场、查隐患	主要是深入生产现场，检查劳动条件、安全卫生设施是否符合安全生产要求，特别要注意对一些要害部位进行严格检查
查管理、查制度	包括劳动保护措施计划的执行情况，各种技术规程的执行情况，厂房建筑和各种安全防护设备的技术情况，个人防护用品保管和使用的情况等

安全生产检查必须有领导经常和定期地进行，采取领导与群众相结合的办法。检查应当和评比、奖励、采取措施相结合，注意表扬好人好事，宣传和推广有关安全生产的先进经验。

➢ 8.1.8 班组安全管理工作有哪些内容？

班组安全管理工作主要有表8-7所示的内容。

表8-7 班组安全管理工作的内容

项目	具体内容
执行方针政策	认真执行有关安全生产的方针政策，以及其他有关的政府法令和制度
制定操作规程	制定安全生产制度和安全操作规程，实行安全生产责任制
开展安全教育	开展安全生产教育，坚持班前会教育，增强职工的安全意识，学习安全知识
编制技术措施	编制安全生产技术措施，掌握防范事故发生的技术手段
加强现场管理	加强现场管理、加强劳动纪律教育、经常组织安全生产的检查、及时发现问题，消除隐患；经常开展安全生产知识竞赛与评比，巩固安全生产成果
建立责任制	建立和落实安全生产责任制。安全生产责任制是企业各级领导对安全工作应该切实负责的一种制度，是做好车间安全生产的具体措施。它把"管生产必须管安全"和"安全生产，人人有责"的原则用制度的形式固定下来，明确要求各级领导在安全工作中各知其责、各负其责、各行其责
处理安全事故	及时做好工伤事故的抢救、报告、处理、慰问等工作，以及事故教育和安全完善措施等工作
做好统计报告	做好安全事故统计报告工作，查明责任、吸取教训、杜绝类似事件发生

【案例8-1】 某炼油厂催化车间三班安全管理的经验

炼油厂催化车间三班是由两套联合装置组成的生产班组。为维护安全生产，提高炼油厂的经济效益，班组从提高管理水平着手，加强培养职工的责任感、自觉性和班组自我管理的能力，坚持高标准、严要求，从严管理、细化管理、加强考核，建立行之有效的安全生产管理体系。催化车间三班在安全生产工作中取得了可喜的成绩，积累了丰富的经验。

(1) 班组重视抓安全

① 建立健全安全生产组织管理体系。围绕安全工作，班组制订了安全生产方针：安全第一、预防为主、全员动手、综合治理；安全生产目标：三个为零、一个减少，即重大人身伤亡事故为零、重大生产设备事故为零、重大火灾爆炸事故为零，减少一般事故发生。加强对职工的责任感、自觉性教育，培养班组自我管理的工作能

力，形成了安全生产人人有责的氛围。在学习提高认识的基础上，建立了安全生产组织管理体系，做到"二主、四尽、三坚持"，即班长亲自抓，安全员具体抓，安全生产人人负责；对安全生产工作尽职、尽心、尽责、尽力；在任何时候、任何地方都坚持"安全第一，预防为主"的方针。坚持安全工作高标准、严要求，从严管理、从严考核，坚持党、政、工、团齐抓共管综合治理的工作作风。

② 抓好全员安全教育、宣传活动。搞好安全教育是安全管理工作的重点，为了确保安全生产，班组组织职工学习各类安全生产规章制度。坚持"四不放过"原则，促进全员素质的不断提高，由"要我安全"过渡到"我要安全""我会安全"，从而完成了由量变到质变的过程，使班组安全工作有了质的飞跃。安全生产是一项长期基础工作，定期开展各项安全活动是增强职工安全意识的有效途径。催化车间三班根据炼油厂安全生产工作的实际情况，开展了形式多样的宣传活动，如"安全宣传月"活动、"安全生产周"活动和"119"消防宣传日活动等。另外，班组注重加强季节性工作宣传教育，如防台防汛、防暑降温、防冻防凝等工作宣传。对每一次活动、每一项工作做到有组织落实、有活动落实、有计划、有内容、有总结，警钟长鸣、居安思危。

(2) 明确责任抓落实

① 建立健全安全生产管理制度。班长在繁忙紧张的工作中，不忘安全工作。完善和健全各项规章制度、安全操作规程；修订安全生产责任制及安全生产责任制考核条例，做到"一岗一考核制"；同时，组织全体职工对安全责任制学习并进行考试，强化全体职工的安全意识。健全全员安全生产责任制管理机制，使安全管理做到"四个有"（即人人有职责、事事有标准、处处有督促、时时有检查）。抓好"四个环节"（即强化思想意识环节、现场动态管理环节、重点区域监控环节、事故隐患整治环节）。把安全管理趋向制度化、规范化、标准化，确保各级安全生产责任制全面落实到位，逐步形成了综合安全管理的新格局和自我完善、自我约束、各负其责的良好局面，提高班组安全管理水平，确保年度安全管理目标顺利实现。

② 明确岗位安全职责。安全生产责任制是岗位责任制的一个重要组成部分，是安全生产管理中最基本的一项制度。安全生产责任制是根据"管生产必须管安全""安全生产，人人有责"的原则和经济责任制紧密挂钩的。有了安全生产责任制，可与每个人的利益、荣辱联系起来，从而增强了全员安全生产责任心，使安全管理、安全生产纵向到底、横向到边，做到责任明确、群管成网、奖罚分明，从不同的角度，人人努力，做好安全生产。

(3) 强化意识抓管理

① 抓好生产现场安全管理。加强对设备设施的管理，制订各项规章制度，确保设备设施安全可靠，处于良好备用状态。加强对检测仪、便携式报警仪的管理和日常维护保养，各类器具由岗位负责、班长检查、车间日常抽查相结合的管理方法，确保

仪器完好，处于正常工作状态。生产现场安全管理涉及面广，内容多。所以安全工作要时时提，要求全体职工从思想上重视，行动上落实。

② 抓好安全设施的配置和管理。多年来，炼油厂坚持所有新建、扩建、改建的工程项目，从设计、施工、审查、验收、投用到安全环保项目、措施都与主体工程同时设计、施工、审查、验收、投用。根据催化车间三班的生产工艺特性，在设计施工中采用了固定式可燃气体报警仪84台，固定式硫化氢报警仪12台。为了确保各类报警仪器处于正常工作状态，制订了严格的规章制度，规定了停用、抢修的具体操作法及审验手续；同时要求现场操作人员对其加强检查，仪表、计量、安全等有关科室，对各类报警仪器实施抽查校验。

③ 抓好班组安全学习管理。抓班组安全学习，是提高全体职工安全意识的关键。对于安全生产的认识从宣传教育上，要横向到边、纵向到底。在班组安全活动的内容和形式上要"新""活""趣"。班组安全活动的内容一般在活动前就要准备好，收集好有关信息、资料，如学习安全生产知识、分析事故预案、查找身边的危险因素及制订防范措施、提出安全合理化建议、反事故演练、交流巡检经验体会等。在安排活动时注意两个问题：一是内容要有系统性，保持前后内容的连贯，使职工通过安全活动对安全管理、事故预防等知识有一个全面系统的了解；二是结合班组日常工作，针对现状，从解决实际问题出发，使内容紧扣身边的人和事，保持内容的灵活性。同时开展班组安全活动要新颖、新奇，班组结合实际，摸索出一些有新意、有趣味的安全活动方式，常规上班组安全活动一般采取以下五种形式：讲授式、讨论式、答辩式或笔试式、事故演练或安全预分析式、班组间安全竞赛活动。总之，各种方法的采用要立足车间实际情况，灵活掌握。

④ 抓好安全监督管理、强化考核。加强安全监督，是确保安全生产的关键工作。班组建立了日检查、周检查、月检查、季节性检查等台账，注意安全检查要查思想、查制度、查机械设备、查设备安全、查安全教育培训、查操作纪律、查工艺纪律、查巡线挂牌、查劳动保护、查消防设施、查隐患、查事故苗子、查漏点等。对检查出来的问题和隐患，应进行登记建立台账，同时作为整改备查的依据，整改结束后，由专人进行复查，确认整改合格后，在台账上销号。为了确保安全生产责任制能始终如一地贯彻执行，制订了与经济责任制紧密相扣的规章制度。每季度评选出各类明星，有安全明星、技术明星、管理明星、操作明星、节能明星、环保明星等，以此促进全员比、学、赶、帮、超的良好学习风气。在安全生产上，严格按规章制度办事，对做出重大贡献的人员进行重奖。同时班组对违章人员不仅给予严肃的批评教育，谈认识、写检查，还要与经济责任制挂钩，对其进行经济处罚。

(4) 抓技术培训保安全。催化车间三班装置新而多，工艺技术先进，要确保安全生产及检修时的开停工工作，必须强化技术培训，才能保证熟练地操作。班组十分重视教培工作，一方面组织技术人员进行技术指导，另一方面，加强科学管理，组织职工相互学习交流，进行每月一次的岗位考试，并与经济责任制挂钩。车间特别重视加强对事故预案的学习，目的是提高职工正确迅速地处理各类事故的能力。在班组倡导下，职工中已经形成勤学安全技术、业务知识的氛围。为了提高处理事故的能力，车间组织班组人员加强对事故预案的学习，以达到对各类事故认识上能举一反三，提高了突发事故应变能力，增加了安全生产保障系数。

班组是企业组织生产、保护职工在生产过程中的安全与健康的直接场所，更是企业在保护安全的前提下，获得高质量产品、更好经济效益的阵地。安全管理工作就是为了预防和消除生产过程中的工伤事故、工业中毒与职业病、燃烧与爆炸等所采取的一系列组织与技术措施的综合性工作。

【案例8-2】 小事情，大教训

事件一：某纺织厂有个规定，试车的时候不能戴手套。赵军是厂里的老员工，多次被厂里评为优秀员工，有很丰富的工作经验。也许正是这些经验让这位德高望重的老员工存在一种侥幸的心理，经常在试车的时候违规戴手套。碍于情面，班长王刚也不好说他什么，就私下叫小明去提醒他注意一些。小明刚说完，赵军满不在乎地说："放心了，不会有什么问题的。我吃的盐比你吃的饭还多呢！"

结果，在一次试车中，手套绞入了机器里面，把手也带了进去，随之，一幕惨剧发生了，鲜红的血洒了一地。

事件二：某煤机厂职工杨瑞正在摇臂钻床上进行钻孔作业。测量零件时，杨瑞没有关停钻床，只是把摇臂推到一边，就用戴手套的手去搬动工件，这时，飞速旋转的钻头猛地绞住了杨瑞的手套，强大的力量拽着杨瑞的手臂往钻头上缠绕。杨瑞一边喊叫，一边拼命挣扎，等其他工友听到喊声关掉钻床，他的手套、工作服已被撕烂，右手小拇指也被绞断。

8.2 劳动保护

8.2.1 何谓劳动保护？

劳动保护是指为了在生产过程中保护劳动者的安全与健康，改善劳动条件，预防工伤事故和职业病等方面所进行的组织管理工作和技术措施。

企业劳动生产过程中存在着各种不安全、不卫生的因素，如果不加以消除和预防，对劳动采取保护措施，就有发生工伤事故和职业病、职业中毒的危险，表8-8列举了部分劳动生产过程中存在的各种不安全、不卫生因素。

表8-8 劳动生产过程中存在的各种不安全、不卫生因素

企业类别	不安全因素	因素	不卫生因素
矿山企业	瓦斯爆炸、冒顶、水灾	工作时间太长	过度疲劳、积劳成疾，容易发生工伤事故
机电企业	冲压伤手、机器绞轧、电击电伤、受压容器爆炸	女工从事繁重或有害劳动	女工从事繁重或有害女性生理的劳动给女工的安全、健康造成危害
建筑企业	空中坠落、物体打击和碰撞	国家和企业为了保护劳动者在劳动生产过程中的安全、健康，在改善劳动条件以防止工伤事故和职业病、实现劳逸结合和女工保护等方面所采取的各种组织措施和技术措施，统称为劳动保护	
交通企业	车辆伤害		
从事有毒、粉尘作业	铸锻作业、油漆、电焊、高频等		

▶ 8.2.2 何谓工业卫生？

<u>工业卫生是对职业毒害的识别、控制、消除和预防职业病的一门科学技术。</u>

由职业毒害而引起的疾病，称为职业病，具体是指劳动者在职业活动中，因接触粉尘、放射性物质和其他有毒、有害物质等因素而引起的疾病。与生产过程有关的职业毒害有电磁辐射、电离辐射、热辐射、强光、紫外线、高频、振动、噪声、生产性毒物（如铅、汞、苯、锰、一氧化碳、氰化物等）、生产性粉尘（如矽尘、煤尘等）、微生物与寄生虫的感染和侵袭等，国家卫生部、劳动保障部公布的法定职业病有十大类116种。这十大类职业病是尘肺病、职业放射性疾病、职业中毒、物理因素所致、生物因素所致、职业性皮肤病、职业性眼疾、职业性耳鼻喉口腔疾病、职业性肿瘤及其他职业病。

▶ 8.2.3 劳动保护的任务与内容有哪些？

劳动保护的任务，总的来说，就是保护劳动者在生产中的安全、健康，促进社会生产建设的发展，具体包括四个方面；劳动保护工作的基本内容归纳起来，有五个方

面。劳动保护的任务与内容如表8-9所示。

表8-9　劳动保护的任务与内容

项目	具体含义
劳动保护的任务	① 预防和消除工伤事故,保护劳动者安全地进行生产建设 ② 开展工业卫生工作,防止和控制职业病的发生,保障劳动者的身体健康 ③ 合理确定劳动者的工作和休息时间,尊重职工的工作与休假权益,实现劳逸结合 ④ 对女职工实行特殊保护。主要是根据女性生理特点,认真贯彻执行国家对女性的劳动保护政策,做好经期、孕期、产期、哺乳期的"四期"保护工作;加强对妇女的劳动保护知识和妇女卫生知识教育;合理调整女工担负的某些不适合女性生理特点的工作
劳动保护的内容	① 积极采取安全技术措施。为了消除生产中引起伤亡事故的潜在因素,保护工人在生产中的安全,在技术上采取各种预防措施,如防止爆炸、触电、火灾等措施 ② 认真开展工业卫生工作。为了改善生产中的劳动条件,避免有毒、有害物质危害职工健康,防止职业病而采取各种技术措施 ③ 健全劳动保护制度。主要是根据国家宪法原则,制定劳动保护的方针政策、法规制度以及建立劳动保护机构和安全生产管理制度,制定生产安全管理标准。这些劳动保护制度可以分为两大类:一是属于生产行政管理方面的制度,如安全生产责任制、安全教育制度等;二是属于技术管理制度,如安全操作规程、职工个人防护用品发放标准和保健食品标准等 ④ 加强劳动保护用品的添置和管理 ⑤ 总结和交流安全生产工作经验,检查监督安全生产状况

8.2.4　如何改善劳动条件?

关心工人生活和健康,改善劳动条件,是我党的一贯方针。企业的各级领导,尤其是生产一线的班组长更应身体力行。车间工作地的劳动条件是影响劳动过程中人的工作能力和健康状况的生产环境诸要素的总和。劳动条件分为如表8-10所示的几方面。

表8-10　劳动条件的内容

项目		具体内容
劳动的卫生条件	气温条件	生产现场的空气温度和流通速度必须符合设计标准。一方面,要根据一年四季的气候变化,根据每日、每周、每月的天气预报做好临时性的保护工作,如夏天防暑,冬天保暖;另一方面,要根据现场的生产条件和生产特点,采取固定性的保护措施,如隔热层、通风系统、个人防护手段等

续表

项目		具体内容
劳动的卫生条件	空气条件	生产产生的灰尘分为有机的、无机的、有毒的、无毒的。防尘措施包括采用无尘机床和工业除尘设备，使生产过程自动化、密闭化，并采取个人防护措施
	噪声条件	噪声是危害工人身体健康的重要因素，消除和降低噪音是科学劳动的重要任务之一。要尽可能减少噪音源，安置抗噪音设备
	照明条件	工作地照明必须均匀，保证生产线有柔和的光照，能够清楚地分辨零件和背景。为了保证工作地的清洁卫生，必须推行文明生产，并把工作地清洁卫生区域落实到每个工段、班组、岗位，纳入责任制的考核
劳动的生理、心理条件		① 规定有利于生产和健康的工作速度和节奏 ② 确定科学合理的工作姿势 ③ 制定合理的休息、作息制度 ④ 规定单位时间内单一劳动方式和工序劳动重复的合理数值，以缓解劳动的单调性 ⑤ 丰富职工的业余文化娱乐生活 ⑥ 合理安排工间运动，以消除劳动疲劳 ⑦ 经常关心职工，注意保护和恢复职工的身心健康
劳动的美学条件		① 工作地、工具的结构，美术设计和生产环境的设计 ② 设备、工作场地的色彩选择 ③ 上下班或间歇时间的功能音乐播放等
劳动的社会心理条件		劳动集体成员之间不仅存在竞争、竞赛关系，而且存在分工协作、团结友爱的工友、战友关系，企业、车间要营造团结和谐、互相关心、互相爱护、互相帮助、共同奋斗、携手前进的集体大家庭气氛和放心、顺心的劳动环境，共同努力完成生产经营任务

➢ 8.2.5 如何防治职业病？

企业应积极开展工业卫生工作，采取控制职业毒害的措施，如表8-11所示。

表8-11 企业控制职业毒害的措施

项目	具体内容
企业控制职业毒害的措施	新建、改建、扩建和技术发展项目的劳动安全卫生设施，要与主体工程同时设计、同时施工、同时投产使用
	新建、改建、扩建和技术发展项目的劳动安全卫生设施，要与主体工程同时设计、同时施工、同时投产使用
	采取合理通风、隔离、密封措施控制有害物质逸出
	定期进行环境监测，严格控制生产环境中的有毒、有害物质的存在
	要以无毒或低毒原材料取代有毒或高毒原材料

续表

项目	具体内容
企业控制职业毒害的措施	要尽可能将手工操作改为机械操作或自动操作
	要定期检查职工的健康情况,从事有毒、有害作业的人员上岗前要进行体检,要建立完善的健康档案
	发现早期职业病症状,要及时进行治疗,并调整工作岗位
	按国家规定给接触有毒、有害物质的工人发放保健食品

【案例8-3】 某钢铁集团有限公司炼钢车间二班的劳动保护

某钢铁集团有限公司炼钢车间二班注重强化工作基础,加大工作力度,把保障职工在生产过程中的劳动保护和健康作为工会小组工作的首要任务,依据《工会法》《劳动法》《劳动保护生产法》赋予工会的职责,紧紧围绕企业工作实际,认真按照"劳动保护第一、预防为主、群防群治、依法监督"的原则,通过健全组织、深入宣传、加强监督检查、严格考核管理、深化班组建设,建立、健全了劳动保护组织,工会劳动保护工作得到了持续发展。

(1) 提高认识,狠抓落实。开展"以人为本,加强劳动保护生产教育"为主题的劳动保护知识普及、培训活动;提高企业劳动保护管理水平、班组员工劳动保护和自我保护意识。加强劳动保护基础管理和工会劳动保护管理。并使员工深刻认识到,开展劳动保护不仅是保证国家财产不受损失和职工生命不受侵害,也是稳定职工队伍、确保生产稳定、加快企业发展、扩大社会影响的有效载体。主要体现在以下几个方面。

① 认识到位。多年来坚持并始终贯穿到劳动保护生产全过程,建立、健全劳动保护管理组织机构,按照分级负责的原则,逐级签订劳动保护生产责任状,责任落实到位,并将劳动保护纳入整体工作决策之中,统一管理、统一步调、统一规范各项制度、统一监督检查。坚持做到"五同时",形成了劳动保护层层抓、层层管,事故隐患上查、下查、人人查的良好氛围。形成劳动保护风险共担,劳动保护效益共享的激励机制。建立了定期检查、定期评比、定期通报制度。

② 大力开展宣传活动。通过信息化的办公系统、黑板报、厂务公开栏开展有奖征文、安全警句征集等形式,宣传劳动保护工作的重要性,促进实现"两零一减少",减少轻伤(微伤)事故;提高劳动保护管理水平,提高员工自我保护意识。

③ 为进一步加强职工辨识危险和"三不伤害"的防护能力,下发《习惯性违章行为和岗位危险源查找表》和《三不伤害防护卡》。

(2) 以人为本,安全为魂,广泛开展劳动保护活动。

① 始终坚持"以人为本,安全为魂"的原则,充分发挥和调动广大员工的自觉性和创造性。广泛发动员工及时了解生产过程中不安全因素,及时发现事故隐患,及

时采取措施，堵塞漏洞，防患于未然。为真正把劳动保护工作落到实处，工会小组将所有制度提交广大员工讨论，得到员工的认可，把强制性的措施变成员工的自觉行动。为发挥员工的首创精神，工会小组不定期召开与员工对话会，积极参加企业的职工代表会，开设意见箱，发动员工提合理化建议。

② 广泛开展群众性的劳动保护活动。生产任务与劳动保护工作同时考核，实行一票否决制，严格的奖惩制度，高标准有效的控制，激发全体员工参与活动的积极性和自我防护、争先创优的意识。另外，还在全部范围内推行劳动保护"三负责"制，形成人人抓安全生产、人人关爱生命、关注安全的良好氛围。这些群众性的安全生产活动有效地避免了各类事故的发生。

(3) 发挥工会组织优势，教育与培训相结合。工会小组通过多种形式的劳动保护、宣传教育活动，用先进的劳动保护知识教育员工、约束员工、培养员工、激励员工，使广大员工树立"劳动保护第一，预防为主"的思想和保护意识，在企业形成良好的劳动保护文化氛围。

① 工会小组把劳动保护知识作为员工入职的必修课，一线新员工必须进行岗前培训，达到应知、应会。

② 认真贯彻落实工会劳动保护监督检查"三个条例"，派员工参加劳动保护监督检查委员会和职工代表参加的群众监督检查委员会，完善职工代表对施工现场劳动保护巡视检查制度。

③ 建立突发性应急制度。参加应急救助组织机构，负责职工突发性事件的指挥和协调处理工作；对全体员工进行突发事件、人身劳动保护方面的宣传教育，让大家及时了解遇到突发事件时应采取哪些应急做法。

④ 工会小组协助建立、健全以劳动保护责任制为核心的劳动保护规章制度。

8.3 环境管理

▶ 8.3.1 班组开展环境保护有何意义？

随着我国经济的高速发展，有效利用能源、减少环境污染、降低安全生产事故频次、防止突发环境事件，确保生命财产安全的重要性日益凸显，控制、治理和消除各种对环境不利的因素，努力改善环境、美化环境、保护环境，已成为人们日常生活的重要话题。在这种社会环境下，班组开展环境保护的问题自然也就提上了议事日程。其不容忽视的意义如表8-12所示。

表8-12　班组开展环境保护的意义

项目	具体内容
班组开展环境保护的意义	① 良好的工作环境能激发人们的劳动热情，提高工作效率 ② 良好的工作环境能消除安全隐患，增加安全度，保障生命财产免遭不必要的损失 ③ 良好的工作环境能让人们工作起来心情愉悦，有利于消除工作疲劳 ④ 良好的工作环境能提高人们的生活质量，有利于员工身心健康 ⑤ 良好的工作环境能提升客户的信任度，增强企业的竞争力，有利于企业拓展业务 ⑥ 良好的工作环境是生产经营活动正常开展的保障，有利于企业持续发展

➢ 8.3.2　班组的环境保护有哪些？

优良的工作环境是顺利完成生产任务、提高工作效率的重要因素。班组是职工从事生产活动的第一场所。班组管理必须努力创造条件，为员工营造一个安全、卫生、舒适、轻松的劳动环境，使大家健康的无后顾之忧的放心积极工作。班组的环境保护管理工作大致如表8-13所示。

表8-13　班组的环境保护管理工作

项目	具体内容
班组的环境保护管理工作	① 班组应布置好工作场地。车间人行过道应有安全线；坯料、在制品，尤其是较大型的物件，应划分专门的摆放位置；有运输机械、起吊装置、行车的车间应设置警戒线或警示标志，谨防碰撞、倾轧、空中坠物等事故 ② 加强对有毒、有气味、危险化学品、生产性毒物等的管理，一定要有专人负责保管，避免误用甚至误伤人命 ③ 加强对腐蚀性化学物品、容易对人体带来伤害的有机溶剂、清洗物件用的汽油和柴油的使用管理与保管，使用者必须经过培训，懂得其性能和使用操作方法，懂得如何处理其残液 ④ 加强对易燃品、易爆品、锅炉、配电装置等的管理，避免发生意外事故 ⑤ 加强对振动、噪声、高频、辐射（包括电磁辐射、电离辐射、热辐射）、放射性物质、粉尘、强光和紫外线照射等作业的管理，应采取必要的防护措施，保护人体不受伤害 ⑥ 加强对废渣、废水、废液、废气排放的管理，避免污染环境 ⑦ 必须对一些劳动场所采取通风、隔离、密封等措施，或者配发专门的防护镜、防护手套等劳保用品，降低职业病的危害

8.4 清洁生产

➤ 8.4.1 何谓清洁生产？

清洁生产是20世纪90年代初的一种说法，它是由"污染防治"概念演变而来的一种创新性思想，该思想将整体预防的环境战略持续应用于生产过程、产品和服务中，以增加生态效率和减少人类及环境的风险。

> 《中华人民共和国清洁生产促进法》简称《清洁生产促进法》，是指不断采取改进设计、使用清洁的能源和原料、采用先进的工艺技术与装备、改进管理、综合利用等措施，从源头削减污染，提高资源利用效率，减少或者避免生产、服务和产品使用过程中污染物的产生和排放，以减轻或者消除对人类健康和环境的危害。

可简述为 ➡ 清洁生产是以节能、降耗、减污为目标，以管理和技术为手段，实施企业生产全过程污染控制和综合利用，使污染物的生产量最小化的一种综合措施。

➤ 8.4.2 清洁生产的意义何在？

清洁生产的根本意义在于对传统的环境保护模式体系和人类社会生产模式体系实施双重变革，促使生产与环境保护两者的综合一体化，建立生态化的生产体系，促进社会经济可持续发展。清洁生产的现实意义如表8-14所示。

表8-14 清洁生产的现实意义

项目	具体内容
清洁生产的现实意义	① 它是全过程控制污染的形式，开创了防治污染的新阶段 ② 它是以预防为主的污染控制战略，减少了末端治理的困难，提高了治污效果 ③ 它是实现可持续发展战略的重要措施，使企业获得可持续发展的保证和机会 ④ 它是清洁产品的生产方式，使企业赢得形象和品牌 ⑤ 它节能降耗，减污增效，提高企业经济效益 ⑥ 它是实施循环经济的有力工具，有助于实现经济效益、社会效益和环境效益三者的统一

▶ 8.4.3　清洁生产包含哪些内容？

清洁生产体现预防为主的环境战略，是用清洁的能源和原材料、清洁工艺及无污染或少污染的生产方式，生产清洁产品的先进生产模式。其基本内容如表8-15所示。

表8-15　清洁生产的基本内容

基本内容	具体含义
清洁的设计	产品从设计、制造、使用、回收利用的整个寿命周期是一个有机的整体，在产品概念设计、详细设计的过程中，运用并行工程的原理，在保证产品的功能、质量、成本等基础上，充分考虑这一整体各个环节资源能源的合理利用、生产工艺、环境保护和劳动保护等问题，实施绿色设计，使原材料、能源使用最省，利用充分，对环境影响小，对生产人员和使用者危害少，最终废弃物可转化为无害物
清洁的能源	这是清洁生产的源头环节，包括： ① 在选择资源和能源上坚持：清洁能源、无毒无害的原材料、利用可再生资源、开发新能源新材料、寻求替代品等 ② 在使用能源和原材料上坚持：节约使用能源和原材料、实施节能技术措施、现场循环综合利用物料等原则
清洁的生产过程	改进生产工艺和流程，选择对环境影响小的生产技术，尽可能减少生产环节，改进操作管理，采用实用的清洁生产方案和清洁生产技术，合理调整生产配方，开发新产品，更新改造设备，提高生产自动化水平，对物料进行循环利用，对排放的"三废"进行综合利用等
清洁的产品	产品设计应考虑节约原材料和能源，少用昂贵和稀缺原料，产品在使用过程中不含危害人体健康和破坏生态环境的因素；产品的包装合理，产品使用后易于回收、重复使用和再生，使用寿命和使用性能科学合理；产品满足用户要求，获得用户满意，并对使用后的废弃物回收利用、综合治理、开发副产品等

▶ 8.4.4　清洁生产有哪些特点？

从清洁生产的工作特点来说，主要有表8-16所示的四点。

表8-16　清洁生产的特点

特点	具体含义
预防性	清洁生产突出预防性，体现对产品生产过程进行综合预防污染的战略，抓源头、抓根本，通过污染物削减和安全回收利用等，使废弃物最少化或消灭于生产过程之中

续表

特点	具体含义
综合性	清洁生产贯穿于生产组织和物料转化的全过程，涉及各个生产环节和生产部门，要从综合的角度考虑问题，分析到每个生产环节，弄清各种因素，协调各种关系，系统地加以解决，既以防为主，又强调防治结合、齐抓共管、综合治理
战略性与紧迫性	清洁生产是在全球工业污染泛滥成灾的关键时期提出来的，是降低消耗、预防污染、实现可持续发展的战略性大问题，绝不可等闲视之，要从战略的高度去认识它、对待它，强调实施清洁生产的紧迫性
长期性与动态性	清洁生产是一个长期的运作过程，不可能一下子完成，要充分认识到它的艰巨性、复杂性和反复性，要持续不懈、永久运作。同时要认识到清洁是与现有工艺产品相比较而言的，随着科学技术的发展和人们生活水平的提高，需要不断提升清洁生产的水平，不断改进和完善清洁生产

➤ 8.4.5 班组实现清洁生产应采取哪些措施？

清洁生产的基本目标就是"节能、降耗、减污"，即提高资源利用率，减少和避免污染物的产生，保护和改善环境，保障人体健康促进经济与社会的可持续发展。班组为了实现清洁生产，必须做到表8-17所示的几点。

表8-17　班组实现清洁生产的措施

项目	具体内容
班组实现清洁生产的措施	① 调整和优化经济结构与产品结构，解决影响环境的"结构型"污染和资源能源的浪费，科学规划，合理布局 ② 在产品设计和原料选择上，优先选择无毒、低毒、少污染的原材料，从源头消除危害人类和环境的因素 ③ 改革生产工艺，开发新工艺技术，开展资源综合利用，改造和淘汰陈旧设备，提高企业的技术创新能力，提高资源和能源的利用率 ④ 强化科学管理，改进操作方法，落实岗位责任，将清洁生产的过程融入生产管理过程中，将绿色文明渗透到企业文化中，提高企业职工的职业素质

【案例8-4】　某汽车制造厂发动机班实施清洁生产办法多

某汽车制造厂发动机班实施清洁生产办法多，主要有：
① 生产清洁产品，针对设计不合理的产品提出修改意见。
② 采用无毒无害或少毒少害的原材料和辅助材料。
③ 改进生产工艺技术。
④ 采用先进生产设备。
⑤ 实施排污审核。

⑥ 改进工艺方案。
⑦ 强化作业管理。
⑧ 提高能源利用水平。
⑨ "三废"资源回收利用和循环利用。
⑩ 加强污染末端治理。

第9章 班组长的培养与选拔

9.1 班组长的培养

➢ 9.1.1 对班组长有哪些素质要求？

班组长要搞好管理，必须具备职业道德、技术业务、组织管理、文化知识等方面的基本素质，如表9-1所列。

表9-1 班组长必须具备的基本素质

基本素质	具体要求
职业道德素质	① 要有强烈的事业心。要热爱本职工作，勇于开拓，勇往直前 ② 要有原则性和民主意识。处理日常工作时既要果断，又不武断。要不断加强团队建设，坚持民主集中制，听取下属的意见和建议。要树新风、立正气，敢于和不良行为斗争 ③ 要有高尚的情操。为人处世要诚实正直，用现代社会礼仪道德规范约束自己，做遵守社会公德和职业道德的典范；要心胸开阔、平等待人，要勇于承担责任
技术业务素质	① 熟悉管辖范围内各工种的基础理论知识和基本操作技能，熟悉所有设备工装的性能，并能正确使用和维护保养 ② 对本企业的技改更新和国外引进的新设备、新技术、新工艺有较快的消化吸收能力
组织管理素质	① 根据企业内部劳动分工与协作的需要，按照不同工艺或产品的要求，把生产经营过程中相互联系的有关人员组织在一起从事企业生产经营活动 ② 不脱产的班组长都是生产现场的管理者，在直接从事操作的同时，还必须组织和推动全体组员完成生产任务

基本素质	具体要求
文化知识素质	①提高自己的学识水平，要树雄心、立壮志，自学成才 ②使自己的知识结构更趋合理，既要具备广泛的文化和科学知识，使自己有开阔的视野，又要努力掌握自己的专业知识，使自己成为管理的内行 ③把自己学到的知识，创造性地运用到生产和管理实践中去，不断积累工作经验，不断提高自己分析问题和解决问题的能力

▶ 9.1.2 班组长应具备哪些基本能力？

班组长是班组的领头羊，处于直接和员工打交道、多种矛盾交叉、多种困难并存的特殊位置，责任性大，俗话说得好，强将手下无弱兵。一个班组要出色地完成企业下达的任务，必须要有一个优秀的能力出众的班组长。班组长应具备的基本能力如表9-2所示。

表9-2　班组长应具备的基本能力

项目	具体要求
应具备的基本能力	①作为独当一面的基层管理人员，必须具备一定的组织能力。能合理分配工作任务；善于团结群众、发动群众、组织群众、激励群众开展各种活动；善于沟通、协调、处理班组出现的各类问题 ②班组长首先是一个生产者，必须业务学习能力强，具备较强的专业性技能，必须对本班组的生产工艺了如指掌，熟悉班组产品的生产流程。只有这样，才能合理调度班组的各种设备、技术人员，才能制定出合理的生产计划，对一线人员的操作进行监督和管理，帮助相关人员不断提升操作技能，在班组中建立威信 ③班组长直接承担着实现企业经营目标的重担，必须具有一定的运筹和决策能力。因为班组长对事物的判断和决定，直接关系到班组甚至企业的经营效果，如果班组长对事物洞察细致，预见准确，决断果敢，应变得力，行动快捷，那么班组工作必然能卓有成效 ④班组长其次还是一个管理者，因而必须具备一定的管理能力。一个班组十几、二十几人，这些员工来自四面八方，文化素质有高有低，脾气秉性各不相同，如何管理好这些员工，让每个人都发挥出最大潜能是非常重要的。班组除人之外，还有各类设备，还要生产各种产品等等，都要求班组长必须具备一定的综合分析、区别对待、客观处理问题的能力 ⑤为了抓好班组的各项工作，班组长还必须具备较强的自我控制能力。班组的人、事、物等都十分繁杂，虽然大部分时间都会表现得较顺畅，但有时总会出现令人烦心甚至令人尴尬和沮丧的事，此时就要求班组长必须头脑冷静，自我控制力强，沉稳地作出正确判断和客观处理，这样就可能让事情出现转机，朝有利的方向转化，避免不必要的损失

项目	具体要求
应具备的基本能力	⑥ 为了获取经验，为了更新技术，为了拓展业务，班组长还必须具备良好的人际交往能力、协作能力以及营销能力。班组长既要对上级，又要对员工，既要对内，又要对外，要处理好各种关系，必须具备良好的社会能力。要善于和兄弟单位协作，善于吸取别人的先进经验，能够更好地搞活班组的生产技术活动

▶ 9.1.3 班组长如何进行自我管理？

班组工作复杂琐碎，处理不好就会顾此失彼。如何使各项工作有条不紊地进行，这就要求班组长讲究处理事情的艺术。在日常的工作中，班组长往往自己不能支配自己的时间，常常被别人或次要事务牵着鼻子走，常常感叹时间不够用，这已是基层管理人员的一大通病。正是因为面临繁重的日常工作，所以班组长更需要注重运筹时间的艺术，做到合理地安排时间和有效地利用时间，从而提高工作效率。这些属于班组长的自我管理问题，可参照表9-3所示的原则处理。

表9-3　班组长的自我管理

项目	要求	具体含义
讲究处理事情的艺术	随机决断	当面临非常规性的随机事件时，就需要依靠自己的知识和经验，忖度形势，善抓时机，随机应变，果断决策
	分清主次	班组的工作内容相当广泛，它几乎包括了企业各职能部门的全部业务工作。每天都处于十分繁忙、紧张的工作状态，解决这个问题的办法，就是不能平均使用力量，要抓重点，有主次。除了生产之外，还有思想教育、劳动竞赛等各方面的工作，但其核心任务是以最低的成本生产出符合要求的产品，并确保数量和进度
学会运筹时间	制定工作计划，合理分配时间	在日常的工作中，要制定自己的工作计划表、计划每项事情所占去的时间。在这一过程中，要把面临的事情按大小、轻重、缓急排一下队。在顺序上，先办最大、最重要的事，后办较小、较次要的事，切忌"眉毛胡子一把抓"。在时间分配上，对于重点工作和中心工作，要保证有足够的时间，而且要留有余地，以便对突发性事件能够及时作出紧急处理
	利用工作时间记录，掌握时间的去处	进行工作时间记录，有利于直接分析自己的时间耗费在什么地方，从而避免在分配计划上花费更多的精力。如何利用工作时间记录呢？① 确定每日目标；② 按照自己的意图，预先对时间作出安排；③ 下决心详细记录工作时间，以表明某项活动开始和结束的精确时间，并供下一项活动的时间安排参考；④ 分析各项活动，对活动进行评价，安排优先次序；⑤ 把时间分配给主要活动项目，这对于提高领导效能和领导效率是十分必要的；⑥ 在综合基础上制定改进计划

续表

项目	要求	具体含义
学会运筹时间	鉴定并消除浪费时间的因素	这是合理运用时间的重要环节,也是提高工作效率的有效途径。鉴定浪费时间的因素并不十分困难,可结合工作中所可能产生的因素来分析,就工作活动的范围来看,主要包括计划、组织、人力、指挥、信息联系以及决策等方面的因素。此外,利用工作时间记录来鉴别和认定浪费时间的因素,也是一种有效方法

➤ 9.1.4 如何对班组长进行能力培训?

班组长能力培训的内容包括心智能力和动作能力两个方面。班组长的能力培训实属一种岗位培训,大体可分为企业外部培训与企业内部培训,脱产培训与不脱产培训,集中培训与分散培训等。作为企业基层生产骨干的班组长,不但要求改善能力结构,提高能力水平,同时要求严守生产一线。根据这一现实,企业内部培训、不脱产培训、分散培训,逐渐成为班组长能力培训的主要方式。班组长能力培训的内容和方法如表9-4所示。

表9-4 班组长能力培训的内容和方法

项目		具体含义
能力培训内容		观察力、记忆力、想象力、思维力、注意力和适应力等因素的结构系统,形成班组长的心智能力,表现为管理能力
		组织能力、计划能力、设备操作能力及创新能力等基本因素的结构系统,形成班组长的动作能力,表现为生产实践操作能力
能力培训方法	自学式	以自学为主,发给自学提纲、作业题,定期审批作业,适时集中辅导,最后组织考试
	座谈式	利用生产间隙,以圆桌座谈形式,解答班组长日常工作中的疑难问题,相互交流经验
	回归式	必须脱产培训的内容,采取分散脱产时间的办法,如每周下午集中培训2~3小时或一周集中培训1~2天,即半脱产式,尽可能减少对生产的影响
	练功式	利用日常工作时间,班组长直接深入机台,理论结合实践,根据实际操作能力培训指导书学习、自测,按规定时间进行考核测试
		培训方式要服从生产,绝不能打乱企业的正常生产节奏。企业培训部门应根据生产实践,灵活选择培训方式,努力解决工学矛盾,争取各方面支持,达到培训目标

【案例9-1】 ××公司的班组长队伍建设

班组长的地位和作用在企业中是极其重要的，对班组长的管理、考核、培训便成了企业中不可或缺的工作。××公司车间班组长队伍建设主要表现在以下方面：

(1) 对班组长的管理

班组长是企业的后备力量，需要企业规范的管理。首先要制订合理的管理制度，使得管理的时候有所依据。制度要具体地说明担任班组长的设置条件、需要具备的素质、待遇的高低、奖罚的原则、自身的权利和义务等有关方面；其次要加强各方面的监督，班组长要在上级干部和管辖员工的监督下积极地做好自己的工作，企业可以设置举报箱和表扬箱来勉励班组长；最后要增加班组长的紧迫性，有工作能力的、业绩好的班组长可以继续担任。同时，不阻止其他优秀员工公平地竞争这个岗位。

(2) 对班组长的考核

针对班组长的考核，首先要建立考核档案，使考核有条理地进行；其次要制订完善的考核制度，使考核有明确的依据；最后要定期进行考核，并做好总结工作，这样的考核结果才能真正作为提拔、奖励的依据。

(3) 对班组长的培训

班组长每年需要一到两次的集中培训。首先要根据企业的需要和培训方的条件制订培训课程；其次在培训内容上要做足工作，设定循序渐进的板块，如分为自我素质与能力的管理、团队建设与拓展的管理、现场实务与生产的管理、工作交流等一系列课程内容的设置。

9.2 班组长的选拔

9.2.1 如何选拔班组长？

如上所述，班组长虽然职位不高，但作用不容小觑，如何选拔好班组长、怎样调动他们的积极性、如何发挥班组长的领头羊作用，是企业领导者和车间主任都要十分重视的问题。

选拔班组长的基本条件通常如表9-5所示。

表9-5 选拔班组长的基本条件

项目	具备要求
选拔班组长的基本条件	① 坚持原则，敢于负责，作风正派，办事公道 ② 会管理，能带领群众完成本班组的各项生产、工作任务 ③ 熟悉生产，懂业务，技术精 ④ 密切联系群众，善于团结同志，关心同志 ⑤ 有一定的文化素养，身体健康

上述条件中，第③条是特别重要的。作为班组长，一定要是业务尖子、技术能手，只有如此说话才有分量、有权威。

班组长一般由车间主任任命，或由班组成员民主推选，再经车间主任批准产生。民主选举产生的班组长，每届任期通常为两年，可以连选连任，在保持班组长相对稳定的前提下对不称职的班组长可及时进行调整。

企业要发展，经营管理要有绩效，厂长、车间主任和工会组织，都必须重视和加强对班组长的选拔和培养。班组长的产生，无论采取何种方式，都必须坚持群众路线，把群众拥护的人选拔出来。

➢ 9.2.2 如何当好班组长？

加强班组建设，做好班组各项工作，班长是关键。要想当个好班长，应当努力做到如表9-6所述的几点。

表9-6 当好班组长的要求

项目	具体要求
如何当好班组长	① 一定要有高度的责任感和事业心，工作热情高。敢于管理，敢于承担责任，大公无私，敢于坚持原则 ② 一定要以身作则，处处模范带头。严于律己，宽以待人，有重担抢先挑起来，有方便主动让给别人 ③ 一定要努力钻研技术，掌握过硬技术本领，成为技术革新的能手、攻坚克难的闯将、优质高产的尖子 ④ 一定要关于团结同事一道工作，忠诚以待。要关心班组的每一个员工，从个人到家庭，从大事到小事，真正做到无微不至，把温暖送到每家每户 ⑤ 一定要正确处理好与车间领导、与厂部领导的关系，多接受他们的批评指导。也要处理好与兄弟班组的关系，以便得到他们的帮助和支持，使自己班组的工作开展得更好 ⑥ 一定要胸怀大度，不搞拉帮结派的小动作。班组受到表扬，首先想到的是同事；班组受到批评，首先检查自己

一个班组长如果能大体上做到这几点，班组工作一定能开展得有声有色。

【案例9-2】 任劳任怨的王强

青工王强是公司的工人技术骨干，为人老实厚道，多次在公司电工比武中名列前茅，电工班老班长退休后，车间领导任命王强为电工班班长。王强好学、肯钻研，电工方面的技术问题很少能难得到他。担任班长后，王强更加任劳任怨，不管是电气设备检修还是运行线路的维护，每天从早忙到晚，手脚不得闲。王强还有个特点就是不太爱说话，平时和领导、同事们的话就很少，车间调度会他很少发言，班前会也只是简短几句布置一下任务。私下里和领导、班组成员几乎没有什么来往，班组成员身体不舒服，家里有什么事，情绪有什么波动，他很少注意到。他认为班长最重要的是以身作则，带头完成各项工作任务，再说，每天班上有那么多活要做，把精力用到鸡毛蒜皮的人际关系上，不应该。一天，他的好朋友刘杰忍不住问他："王强，你好好想想，你这样做还是个班长吗？"

班组长不能只把自己作为一个管理者，而应当让自己成为一个优秀的领导者。管理者和领导者在工作动机和行为方式等方面是有很多差异的。管理者基本上是按照组织的要求来办事，不会越雷池半步；而领导者则完全可以用一种个人的、积极的态度来面对目标，只要是对绩效有帮助，都可以随时改变它。管理者更多强调程序化和稳定性，总是围绕计划、组织、指导、监督和控制这几个要素来开展工作，而领导者则可强调一种适当的冒险，而这种冒险可能会带来更高的回报。管理者与领导者的区别见表9-7。

表9-7 管理者与领导者的区别

管理者	领导者	管理者	领导者
强调的是效率	强调的是结果	强调方法	强调方向
接受现状	强调未来的发展	接受现状	不断向现状挑战
注重系统	注重人	要求员工顺从标准	强调员工进行变革
强调控制	培养信任	运用职位权力	运用非职位权力
运用制度	强调价值观和理念	避免不确定性	勇于冒险
注重短期目标	强调长远发展方向		

【案例9-3】 严格管理的程凯

经过一层层激烈的角逐，程凯终于如愿以偿成为钳工班班长。为人严谨的程凯认为班组管理的关键应该是制度管理，只要健全班组各项管理制度，严格考核，公平、公正，人们自然会心服口服，班组管理也会井井有条。上任伊始，他就细化了班组各项管理规定，并将考核结果与当月奖金挂钩，一旦发现违纪现象，他就绷起脸来，严加训斥。结果，在一个星期之内，班里15名工人被程凯训斥了8位，并对2位实施了经济处罚。这样一来，大家对程凯的意见很大，有人见到他就气鼓鼓的，班里以前和程凯关系不错的哥们儿也对他"敬而远之"了，程凯终于成了孤家寡人。

【案例9-4】 老好人刘丽

质检班长刘丽是个热心人，班里谁家有个大事小事的，她都能照顾得到，哪个身体不舒服，她都像老大姐一样关心照顾，还经常做些好吃的，拿到车间和大家一起分享。和同事朋友相处，她从不计较个人得失，活干在前头，荣誉、奖金拿在后头。论人品，没二话，班长刘丽是个好人。刘丽对领导言听计从，领导安排什么，她马上向大家布置什么，自己从没什么想法，一旦大家提出异议，她马上便说："领导说了，就照这样执行，你照吩咐做了，出了差错领导不会怪你，你如果不照这样做，出了问题你得自己担着。"大家听了觉得有道理，也就不再说什么。如果有了不明白的地方，就不再问她，而是直接请示主管主任，因为大家知道跟她说了也没用，她还得去请示领导。令刘丽苦恼的是，她发现班里有个别人直接跟她"顶嘴"，不再服从她的指挥，有什么事也不跟她商量，直接找主任，她的"无能"渐渐被传播开来，以至于她原本"听话"的下属也开始不拿她当回事了。

9.3 班组长的深造

▶ 9.3.1 如何提高班组长的企业管理水平？

班组长是企业最基层的一级领导，官儿不大，可事儿不少，责任不小。企业必须对班组一级管理人员的教育和培养，要不断提高班组长的管理水平。加之现代企业的员工都具备相当的素质和水平，机器设备的科技含量也相当高了，管理手段和管理方式也随之发生了变化，班组长更应加强管理知识的学习，与时俱进，才能适应当代企业管理的需要。当前，最应注意的大概有以下三个方面：

① 掌握科学的现代企业管理知识，不断更新企业管理理念，建立良好的人际关系，努力提高企业经营效益。

② 掌握先进的企业管理手段，学会应用ERP管理系统进行管理。

③ 在当今这个信息时代，还必须了解大数据这方面的相关知识，以适应当代企业管理的需要。

9.3.2 现代企业管理的新理念有哪些？

企业管理是一门艺术，更是一门科学，因此它随着科学技术一道发展，新理念、新管理方法不断涌现。表9-8所示内容大体展示了现代企业管理的原理以及国内外企业管理的发展趋势，值得班组长学习和掌握，对加强班组管理必有好处。

表9-8 现代企业管理的新理念

项目	内容	具体含义
管理的含义	所谓管理，是指管理者或管理机构在一定范围内，对组织所拥有的资源进行有效的计划、组织、指挥、协调和控制，以期达到预定组织目标的活动	管理是一个过程
		管理的任务是达到预定目标
		管理达到目标的手段是运用组织拥有的各种资源
		管理的本质是协调
		管理的核心是处理好人际关系
现代企业管理原理	系统性原理	系统是指由若干彼此有关的、互相依存的事物所组成的复杂的具有特定功能的有机整体。现代企业本身就是一个高度复杂的开放系统，它具有集合性、相关性、层次性、目的性、整体性、环境适应性等系统特征。系统原理就是运用系统论的观点和方法，对管理问题进行系统分析与处理，以达到最优化目标
	规律性原理	生产力、生产关系和上层建筑的发展运动都遵循一定的客观规律，企业管理必须运用辩证唯物主义认识和掌握这些规律，才能实现企业的管理目标
	控制性原理	又称为控制反馈原理。有效的管理就是对变化的情况迅速、准确、灵活地作出判断，然后决策、执行、反馈修正、再决策、再执行、再反馈，不断循环，使管理适应外部环境的变化，实现有效控制，收到最好的效果
	相对封闭原理	相对封闭原理是指企业系统及其管理系统的各种要素、各种管理机构、管理制度和手段之间必须形成相互补充、相互制约的关系，即形成一个严密的连续封闭的回路，以防出现漏洞，一旦出现漏洞，能够马上补救
	弹性原理	有效的管理必须在坚持原则的基础上，保持充分的灵活性和很强的应变能力，及时适应客观事物各种可能的变化，使企业系统在不停顿的运动中保持相对稳定，达到管理的动态平衡，这就是企业管理的弹性原理
	整分合原理	现代高效率的企业管理必须在整体规则下明确分工，在分工的基础上有效地综合，这就是管理的整分合原理

续表

项目	内容	具体含义
现代企业管理原理	动力原理	管理作为一种运转形式，必须依靠强大的动力才能持续有效地进行下去。人是企业系统中最基本的组成要素，人的积极性是企业实现目标的最重要的因素。企业必须采用科学的方法激发人的内在潜力，调动人的主观能动性和创造性，这就是企业管理的动力原理
	效益最优化原理	企业是独立核算的商品生产和经营单位，其根本目标是发展商品生产、创造财富、增加积累。企业管理的根本任务在于创造最优的经济效益和社会效益，为社会提供有价值的贡献，这就是管理的效益最优化原理
	要素有用原理	管理系统中，所有一切要素都具有一定的作用。各要素不仅有共性，还有个性，不同要素对管理系统所起的作用也各不相同。管理的任务和目的，就是通过对各要素合理、科学的组合和使用，充分发挥各要素的积极作用，使管理系统整体作用强度达到最大值，做到人尽其才、财尽其利、物尽其用
国际企业发展的总趋势	企业集团化	各国虽然社会制度不同，经济条件不同，但都力求通过国内外各企业间广泛的技术、资金合作，进行多角化经营，形成集团化企业，以提高企业的竞争能力
	分散化与专业化	在新技术革命的影响下，社会分工日趋细化，专业化生产日益深化，从初期的部类专业化到种类专业化，再发展到产品专业化，现在又进一步发展到零件专业化。分散化与专业化使得微型企业得到迅速发展
	产品与经营多角化	多角化经营是指企业经营的产品品种、规格或服务项目多元化。实行多角化经营是为了使企业适应社会需求多样化，在竞争中取得主动而有利的地位
	国际化	当前，企业为了求发展，都在积极将产品推向国际市场，选择不同国家和地区投资办厂，成为多国共同生产和销售的产品，组成跨国公司
企业内部管理的发展趋势	由重视物的管理走向重视人的管理	现代企业管理越来越强调人的因素，强调创造良好的人文环境，充分发挥人的主观能动性、积极性，管理者要依靠每个人、尊重每个人、承认每个人
	从生产导向变为市场导向的经营战略	以前，由于人民的生活水平还不高，企业生产的产品只要质量好、成本低，就不愁没有销路。现在，由于科学技术和生产力的迅猛发展，人民生活水平的大幅度提高，需求的多样化和企业间的竞争日趋激烈，市场对企业经营战略的影响已越来越显著，企业的生产经营活动必须适应市场的需要和变化，因此出现了经营战略从生产导向变为市场导向的局面

续表

项目	内容	具体含义
企业内部管理的发展趋势	由集权走向分权再走向集权	管理权利由集权走向分权，主要表现在集中经营、分散管理，或通过目标管理、事业部制、经济责任制使下级获得相应的权利，这在企业管理上表现了一定程度的进步，在世界范围内得到了推广。但由于现代企业广泛使用计算机进行管理，高层可以直接获取各种有关的信息，组织的重要决策再度集中到高层管理者手中，只是这种集权是有广泛基层参与的集权
	由个人领导走向集体领导	企业的领导体制经历了家长制行政领导之后，现代企业正在走向企业家的个人作用和企业家的集体智慧实行最佳结合的集体领导体制，这就使得企业决策更加民主化、科学化，更加符合客观实际
	由重视分工转向重视合作	分工带来了专业化，带来了生产效率。现代管理强调在适当分工的基础上，为了达到组织目标进行主动的合作和工作丰富化、工作扩大化，由专业管理走向综合管理，强调个人一专多能、一人多责、互相参与，共同完成组织目标
	从单纯追求利润走向追求利润与企业文化的统一	现代企业管理使企业由单纯地、片面地追求利润走向对内用企业文化统一职工的思想和观念，形成企业的内聚力，对外树立良好的企业形象，创建一流的产品、服务和信誉，形成经济效益与企业文化相统一的综合经营目标体系
管理方法的最新发展	高情感管理	为了不给员工本人和家庭造成痛苦，不给企业带来损失，许多企业在管理上采取了"高情感"管理模式，提倡关心人、爱护人、安抚人、培养人、提高人，注重感情投资，为员工创造一个和谐、温馨的环境，把"高情感"注入企业组织中，以此保护员工的积极性，激励员工的斗志，提高企业组织的凝聚力，收到良好的管理效果
	危机管理	企业在实现其经营目标的过程中，难免会遇到各种意料不到的困难甚至危及企业生存的挫折，为了适应各种危机情境，必须以此为模拟目标，进行规划决策、运作调整、化解处理等活动，以消除和降低危机带来的威胁
	FMS管理	国际市场竞争越来越激烈，顾客需求趋于多样化、个性化，企业的竞争优势不仅仅取决于产品的质量、价格等因素，而且很大程度上取决于企业本身是否具有多品种、小批量的生产能力，是否具有快速的市场反应能力，也就是是否具有足够的生产柔性，于是柔性制造系统（FMS）也就应运而生了，它已成为现代企业未来的生产模式和管理模式的发展方向

续表

项目	内容	具体含义
管理方法的最新发展	ERP技术	ERP即企业资源计划系统，是将客户需求与企业内部的制造活动以及供应商的制造资源整合在一起，并对供应链上所有环节进行有效管理的管理信息系统。ERP技术体现了企业管理多年来的理论和经验，它是由20世纪40年代的"订货点法"、60年代的物料需求计划（MRP）、70年代的闭环MRP以及80年代的制造资源计划（MRPII）发展而来的。ERP的核心管理思想是：将企业各方面的资源充分调配和平衡，使企业在激烈的市场竞争中能充分发挥自身的潜力，从而取得最好的经济效益

【案例9-5】 管理知识的重组

(1) 管理知识的冰山结构。管理知识的整体，恰似漂浮在大海里的一座冰山，已被人们认识的管理知识——事实知识与原理知识或者说科学化知识只不过是冰山露出来的一角，大量的管理知识——技能知识与人际知识或者说艺术化知识还隐藏在水面以下，等着人们去发现。

管理知识的结构与冰山的结构一样，是不断变化和浮动的，重要的不仅是认识到管理实践需要各种管理知识的结合，还应认识到艺术化知识正是科学化知识的源泉，要善于不断地将艺术化知识转化为科学化知识，以求更好地指导自己的管理实践。

(2) "屁股决定脑袋"。此话说来不雅，但却形象地描述了一种现象，即"人的立场不同（或经验不同，思维方式不同），一定会影响他的研究结果"。

即使同是著名管理学家，他们的研究也有相当大的区别，因而孔茨曾将近代不断涌现的众多管理理论流派称之为"管理理论丛林"。这一"丛林"枝叶繁生。尽管各种学派彼此相互独立，但他们的基本目的是相同的，这种情况恰似盲人摸象。也许聪明人会说，我退后几步，一看就知道大象的模样了。但洞察管理理论整体绝不像退后几步观察大象那样简单。现实中的管理者总是因为自己的经验领域、思维方式与价值观不同，从而提出不同的管理观点。实践者和研究者都是从不同角度去努力观察管理这头"大象"，不断为描述和凸显"管理大象"的真面目做出自己的一份贡献。

9.3.3 何谓ERP系统？

在制造业内部管理中，常遇到这样一些问题：企业可能拥有卓越的销售人员推销产品，但是生产线上的工人却没有办法如期交货；车间管理人员则抱怨说采购部门没有及时供应他们所需要的材料或配件。许多企业常常无法预测计算出所需要的物料量；财务部门因不能及时得到准确的仓库部门的数据，无法按时计算出制造成本等等。当中国的企业界逐渐意识到这一问题的严重性时，国内外的ERP/MRP II的软件厂商走进了中国市场,并随着时间的推移,ERP开始广泛被中国的企业界、理论界所认知。

ERP是Enterprise Resource Planning(企业资源计划)的简称。ERP是20世纪90年代由美国著名的计算机技术咨询和评估集团Gartner Group公司根据当时计算机信息、IT技术发展及企业对供应链管理的需求,预测在今后信息时代企业管理信息系统的发展趋势和即将发生的变革而提出的一个概念。

ERP系统的相关信息如表9-9所示。

表9-9 ERP系统的相关信息

项目	内容	具体含义
ERP的功能		ERP是一个复杂的系统工程,自20世纪40年代由订货点库存控制法解决库存问题以来,经过多半个世纪的演化,发展到现在能帮助企业进行生产经营过程中物料、资源、生产计划、质量控制、销售、财务、甚至人事、客房关系等各个领域的管理
	ERP超越MRP II范围的集成功能	ERP相对于标准MRP II系统来说,扩展功能包括:质量管理、试验室管理、流程作业管理、配方管理、产品数据管理、维护管理、管制报告和仓库管理。这些扩展功能仅是ERP超越MRP II范围的首要扩展对象,并非包含全部的ERP的标准功能
	ERP支持混合方式的制造环境	混合方式的制造环境包括以下三种情况:生产方式的混合,经营方式的混合,生产、分销和服务等业务的混合。① 在标准MRP II系统中,一直未涉及流程工业的计划与控制问题。MRP II系统适用于离散型生产方式的企业,ERP扩展到流程企业,把配方管理、计量单位的转换、联产品、副产品流程作业管理、批平衡等功能都作为ERP不可缺少的一部分。② MRP II是面向特定的制造环境开发的,即使通用的商品软件在按照某一用户的需求进行业务流程的重组时,也会受到限制,不能适应所有用户的需求。而ERP面向顾客的需求,在瞬息万变的经营环境中,具有根据客户需求快速重组业务流程的灵活性
	ERP支持能动的监控能力	ERP的能动式功能表现在它所采用的控制和工程方法、模拟功能、决策及图形能力。决策支持能力是ERP"能动"功能的一部分。传统MRP II系统是面向结构化决策问题,ERP的决策支持功能则要扩展到对那些半结构化或非结构化问题的处理
	ERP支持开放的客户机/服务器计算环境	ERP的软件支持技术包括要求客户机/服务器体系结构、图形用户界面(GUI)、计算机辅助软件工程(CASE)、面向对象技术、关系数据库、第四代语言、数据采集和外部集成(EDI)。ERP的软件支持技术是面向供应链管理、快速重组业务流程、实现企业内部与外部更大范围内信息集成的技术基础

续表

项目	内容	具体含义
ERP给企业带来的效益	降低库存	应用ERP系统不仅可以降低库存量，降低库存占用资金，还可以减少库存损耗
	提高劳动生产率	由于使用ERP，零件需求的透明度提高，计划也做了改进，能够做到及时与准确，零件也能以更合理的速度准时到达，因此生产线上的停工待料现象减少60%。ERP的实施可使企业合理地利用资源，缩短生产周期，制造成本降低12%
	降低成本	ERP把供应商看作是自己的长期合作伙伴，与之建立起稳定、共赢的关系。这样，企业不仅可以从供应商那里获得及时的物料供应，采购提前期缩短50%，减少库存，而且能降低采购费用、缩短采购时间、提高采购效率
	按期交货，提高客户服务质量	ERP系统是计划主导型的生产计划与控制系统，通过模拟手段进行计划和调整，充分利用信息反馈，使生产和销售达到平衡。这样既可以缩短生产提前期，又可以及时响应客户需求，并按时交货，延期交货减少80%，误期率平均降低35%
	把财务、业务系统集成为一体	关键的财务子系统包括总账、应付账款、工资管理、库存事务处理和库存状态更新、成本管理、发票和应收账款。实现这些子系统的功能，财务人员可减少财务收支上的差错和延误、减少经济损失；销售人员可以准确核算成本，迅速报价，赢取市场业务
	提高企业整体管理水平	使用ERP后，全员使用先进的、规范化的管理技术，使企业管理水平全面提高，管理人员减少10%，生产能力提高10%～15%。通过应用ERP系统，信息的接收和发布更为及时、全面，管理人员有更多的时间从事应该做的事情，即从事务主义中解脱出来，致力于实质性的管理工作，从而使管理工作更具成效
	为科学决策提供依据	企业领导和各级管理人员通过应用ERP系统，可以随时掌握市场销售、生产和财务等方面的运行状况，根据顾客的需求、产品的变化、技术的创新等，不断改善经营决策，提高企业的应变能力和竞争地位。高层管理者可以把自己的战略意图层层向下传递，把企业运营各过程用高、中、低层管理计划确定下来，同时收集下级的反馈意见，实现有计划、有控制的管理
	全面提高企业员工的素质	ERP为企业员工提供了一个共享信息、分享知识、交流经验、学习技术的平台。经验表明，实施ERP后，企业员工素质和精神面貌发生了明显变化，团队精神得到发扬，涌现出一大批努力学习、刻苦钻研，既懂管理和生产，又善于应用计算机的复合型人才

续表

项目	内容	具体含义
ERP给企业带来的效益	提升企业的技术能力	ERP带动了制造业的运行,压缩了企业与市场的空间和时间距离,实现了产品设计开发快、生产快、销售快、结算快、反馈快、决策快,企业技术部门对外界的创新信息、用户对产品的改进要求以及社会上对产品缺陷的反馈意见,都能及时收集到,大大提升了企业的技术能力
	提高全员工作质量	在ERP环境下,企业进行规范化管理,全体员工按企业运营计划完成自己的职务要求,企业的生产可以按部就班地进行,从而使企业的工作质量得以提高,并进一步影响生产效率和产品质量
	形成良好企业外部效应	ERP的影响最终归结为企业外部效应的形成。企业的外部效应主要体现在三方面:企业创新效应、企业形象效应、企业营销效应
ERP的功能模块	销售管理	该模块是物料在企业内流动的终点,它从客户和购货机构获得订货需求,将信息传递给计划、采购、库存等系统,从库存、采购等系统获得货物并传递给购货单位,进行物流管理
	计划管理	该模块是平衡整个企业生产活动的重要工具。它能够将客户的订货需求和企业的预测数据分解为企业内部的具体工作任务,同时按照不同的要求将信息传送到生产管理和采购管理系统中,并提供各种可行性方面的信息
	采购管理	该模块是物料在企业内流动的起点,是从计划、销售等系统和采购系统(即本模块)获得购货需求信息,与供应商和供货机构签订订单、采购货物,并将信息传递给需求系统
	生产管理	该模块是生产执行系统,能够根据企业的生产任务,控制材料领取,跟踪加工过程,监控产品状态
	库存管理	库存管理是物流管理的核心,该模块是控制货物流动和循环的系统
	存货核算	该模块对物料在其他系统中循环流转时产生的资金流动进行记录和核算,同时将财务信息传递到总账系统、应付账款系统等财务系统
	成本管理	该模块围绕"费用对象化"的基本成本理念,通过费用归集、费用分配、成本计算实现成本管理。同时,该模块在成本核算基础上结合成本管理理论,建立了成本预测、成本控制、成本分析和考核体系,最终形成全面、科学的成本管理体系
	集团分销	该模块针对大型企业集团、工商一体化企业及采用销售公司、集团专卖等方式销售产品的企业,管理集团总部与下属分销单位的业务往来数据和集团统一数据,提供统一的业务模板,传递数据资料,控制和分析整体业务

续表

项目	内容	具体含义
ERP蕴含的重要管理思想	准时制（JIT）生产管理思想	JIT为ERP系统的开发和流程管理提供了面向需求的管理模式，为流程优化和业务衔接活动设计提供了重要依据和标准，对于ERP系统的发展和应用具有重要的指导意义和促进作用
	精益生产（LP）管理思想	精益生产的核心思想是，从生产操作、组织管理、经营方式等各个方面，找出所有不能为生产带来增值的活动或人员并加以排除。这种生产方式综合了单件生产和大量生产的优点，既避免了单件生产的高成本，又避免了大量生产的僵化不灵活。精益生产的目标是要求产品"尽善尽美"，因此要在生产中"精益求精"，力求做到无废品、零库存、无设备故障等。ERP贯彻精益生产方式，在生产操作上对操作工人的要求大大提高，可减少非增值的人员和岗位，彻底消除各种浪费，充分调动员工的积极性、主动性和创造性，尽可能发挥每个人的最大能力，提高生产效率；在生产管理上为工人提供全面了解工厂信息的手段，使每个工人都有机会为工厂需要解决的问题出力，去掉了冗余的缓冲环节、超额的库存、超额的面积、超额的工人等，管理方式改变为"在现场按照日程进度的后续需要来决定前一道工序的生产"，形成"准时制生产"；在产品设计上强调集体协作，保证各成员对项目的充分参与，通过信息交流，避免可能发生的冲突，降低内耗，提高工作效率；在协作配套上加强了与合作伙伴之间的关系，鼓励协作伙伴之间经常交流技术，使售后服务更周到细致
	柔性制造（FMS）管理思想	ERP贯彻柔性制造系统管理思想的技术经济效果是，能根据装配作业配套需要，及时安排所需零件的加工，实现及时生产，从而减少毛坯和在制品的库存量及相应的流动资金占用量，缩短生产周期，提高设备的利用率，减少设备数量和厂房面积，减少直接劳动力
	敏捷制造（AM）管理思想	ERP贯彻敏捷制造管理思想具有以下特点 ① 从产品开发开始的整个产品生命周期中，ERP采用柔性化、模块化的产品设计方法和可重组的工艺设备，使产品的功能和性能可根据用户的具体需要进行改变，并借助仿真技术让用户很方便地参与设计，从而很快地生产出满足用户需要的产品 ② 采用多变的动态组织结构，以提升企业对市场反应的速度和满足用户的能力 ③ ERP将战略着眼点放在长期获取经济效益 ④ ERP可以建立新型的标准体系，实现技术、管理和人的集成，充分利用分布在各地的各种资源，把企业中的生产技术、管理和人集成到一个相互协调的系统中 ⑤ 最大限度地调动、发挥人的作用

续表

项目	内容	具体含义
ERP蕴含的重要管理思想	集成制造（CIM）管理思想	集成制造系统是一种基于CIM理念构成的计算机化、信息化、智能化、绿色化、集成优化的制造系统。这里的制造是"广义制造"的概念，它包括了产品全生命周期各类活动的集合。ERP正是贯彻CIM理念，很好地实现了信息集成、业务过程集成、企业组织集成，解决资源共享、信息服务、虚拟制造、并行工程、网络平台等关键技术，以更快、更好、更省地响应市场
	业务流程再造（BPR）管理思想	业务流程再造（Business Process Reengineering, BPR）这一概念的目标是"对企业的业务流程进行根本性的重新思考并彻底改革，从而获得在成本、质量、服务和速度等方面业绩的飞跃性的改善"。ERP技术的广泛应用，使企业再造工程获得了有力的支持工具，对于生产过程的管理、人员的精简和调动等，都可以实现实时处理、平稳过渡
	供应链管理（SCM）思想	供应链管理（Supply Chain Management, SCM）就是指对整个供应链系统进行计划、协调、操作、控制和优化的各种活动和过程，其目标是要将顾客所需的正确的产品（Right Product）能够在正确的时间（Right Time）、按照正确的数量（Right Quantity）、正确的质量（Right Quality）和正确的状态（Right Status）送到正确的地点（Right Place），即"6R"，并使总成本最小。实施供应链管理，一是把企业内部以及节点企业之间的各种业务看作一个整体，二是在空间上重新规划企业的供销厂家分布，以充分满足客户需要，并降低经营成本。ERP对所有的生产资源进行统一集成和协调，使之作为一个整体来运作，以实现节约交易成本、降低存货水平、降低采购成本、缩短循环周期、增加收入和利润的经营目标，让供应链管理真正成为有竞争力的武器
	客户关系管理（CRM）思想	客户关系管理是遵循客户导向的发展战略，对客户进行系统化的研究，通过改进对客户的服务水平，提高客户的忠诚度，不断争取新客户和商机，力争为企业带来长期稳定的利润。ERP贯彻客户关系管理思想不仅可以实现企业与顾客之间良好地交流，也为企业与合作伙伴之间共享资源、共同协作提供了基础，还可以根据不同的客户提供不同的服务。ERP在市场营销、销售实现、客户服务和决策分析四大业务领域都体现其巨大的价值

【案例9-6】 **三角集团实施ERP项目的收获**

三角集团的ERP项目采用美国的Oracle软件，由汉普咨询公司实施。项目从2003年8月18日正式启动，集团成立了以董事长丁玉华为组长的ERP领导小组和第一副总裁侯汝成为组长的实施小组，充分体现了公司领导的高度重视。在每个关键阶段上，公司领导都及时给予了正确的指导。双方项目组重点在基础数据、系统培训、报表开发等方面加强项目的控制力度，在时间紧、任务重的情况下，扎扎实实地做好每步工作，于2005年初实现了ERP系统的全部成功上线。ERP系统的实施，进一步理顺了业务流程，规范了业务操作，实现了财务业务一体化，并使精益化管理的思想深入人心，为企业提供了一个核心的、基础的管理信息平台。通过系统的实施和应用，三角集团目前已在以下几方面取得了显著的成效。

(1) 采购管理方面。在采购管理方面，通过系统内外并行审批的控制方式，保证了公司所有的采购均在系统内有采购订单，且采购订单的系统内审批必须经过部长批准，采购订单批准后方可下达书面采购订单进行订货。这改变了以往无统一格式或无书面采购订单的采购状况，严格控制了无订单采购现象的发生，也进一步提升了公司对外的良好形象，规范了企业行为。

(2) 库存管理方面。在库存管理方面，公司所有的库存物料都已经进入系统，可以方便、实时地查询某物料的库存量，为采购、生产、销售提供了可靠的决策依据。备件库存管理充分应用了ERP系统的MRP管理思想、最小最大库存管理方法及零库存管理，在生成采购订单时，通过ERP系统对各部门提报的采购计划进行平衡，充分考虑到库存现有量、物料的最小最大库存量及采购在途，使备件每月的库存资金占用降低了20%左右。

(3) 销售管理方面。在销售管理方面，由于其业务比较适合先进的ERP系统的管理方式，效果显著。外贸的形式发票、出口价格审批表、备货通知单、商业发票、装箱单、出口退税发票等单据的数据源一致，使上线前需要手工多次录入的数据在上线后可以直接通过ERP报表从系统内提取数据打印，避免了重复劳动，提高了工作效率，保证了数据的一致性和准确性。

(4) 应收管理方面。在应收管理方面，上线前，销售核算采用用友系统，客户发货开发票管理利用雅琪系统，客户应收账款及对账靠小型机系统，销售情况分析由数据库系统完成。以上各系统重复录入多，工作量大且易出错。ERP系统上线后，信息全面集成，达到了仅用ERP系统就能全面进行核算和管理的目的，可以实时掌握客户发货、开发票、发货在途、收款等情况，实时掌握客户应收账款及账龄情况。另外，增值税发票、收款收据直接从ERP系统中打印，一改过去手工操作或书写的状况，提高了工作效率。

(5) 应付管理方面。在应付发票入账环节，通过严格的四维匹配（发票、采购单、检验、入库四项相匹配），有效杜绝了材料短缺、串规格、不合格、未入库先入账、应付债务串户等管理或业务操作漏洞，尤其使在途材料得到了很好的规范和理顺。以往仓库保管员和采购部门会计在日常和月末花大量时间统计在途材料数据，现在系统可以随时提交在途明细，使平均每月1.2亿的在途材料准确无误。通过系统数据共享，财务材料会计可以随时查询材料收发存情况，对材料实施有效监管。ERP系统还加强了对应付账款的管理，动态掌握满足支付条件的应付账款金额，将ERP系统细化管理的功能与资金支付计划的制定有机结合。

（6）账务管理方面。在账务管理方面，ERP使企业改变了过去业务数据平时在业务部门内部流转、月末集中传递财务入账的传统事后核算模式，变为实时监控，财务结账时间明显缩短。99%的会计凭证由系统自动生成，使财务人员从以往繁杂的凭证制作、录入工作中解放出来，把主要精力放在财务数据的管理分析上，为财务职能从核算型向管理型转变提供了系统支持。

（7）成本管理方面。在成本管理方面，ERP使企业改变了原来那种"秋后算账"的事后核算局面。ERP成本流程体现了实时、全员、业务与财务一体化等优点，系统内可以随时看到车间半成品或产成品的完工、入库、结存和成本等情况，改变了过去月末一次性修改定额的情况，提高了物料清单修改的及时性使技术部门和成本维护人员可以实时进行成本累计和更新，车间成本核算就能及时按照新的标准成本进行核算。系统上线前只有月底才能计算采购差异，上线后系统时时提交采购差异。集团现规定10天盘点一次，可以知道实际消耗与定额的差异，准确计算旬成本；如需随时核算实际成本（如日成本），可将实际采购价格差异输入，可得到即时成本。应该说，通过ERP系统运行，标准成本逐步接近实际成本，可以时时知道各种形态的轮胎成本。

（8）流程管理方面。ERP是一套系统管理工具，它通过数据的共享来衔接公司的各个部门，从而提高公司的整体运作效率。从采购、库存到应付及付款，从销售、库存到应收及收款，从物料清单、库存、车间生产到成本，从销售预测、生产计划平衡、车间生产到物料需求，流程管理取代了原来孤立的职能管理。它通过严谨的业务流程消除了无效环节，减少没有增值的活动，堵住了管理漏洞。实现了业务流程标准化和规范化。比如，原材料入库，必须严格按照订单要求进行质量检验，只有质量符合订单要求的材料才能入库，从而能够把好原材料质量关。ERP像一个整体运转的链条，通过环环相扣的运作能发现很多问题。例如，如果入库规格混淆，就会导致入不了库，这个问题就逼着你立即查找原因，问题解决了才能继续做下去。各个部门工作的环环相扣、相互协调与配合，逐步培养出了全体员工的团队精神，消除了"推诿扯皮"现象。

9.3.4 何谓大数据？

【案例9-7】 您知道什么叫大数据吗？

您知道什么叫大数据吗？通过下面一段对话，您就知道什么是大数据、大数据对你又有什么启发和帮助了。

某比萨店的电话铃响了。客服拿起电话：

客服：您好！请问有什么需要我为您服务？

顾客：你好！我想要一份……

客服：先生，请先把您的会员卡号告诉我，好吗？

顾客：16846146×××。

客服：陈先生，您好！您是住在泉州路一号12楼××××室。您家电话是2646××××，您公司电话是4666××××，您的手机是1391234×××。请问您想用哪一个电话付费？

顾客：你为什么知道我所有的电话号码？

客服：陈先生，因为我们联机CRM系统。

顾客：我想要一个海鲜比萨……

客服：陈先生，海鲜比萨不适合您。

顾客：为什么？

客服：根据您的医疗记录，你的血压和胆固醇都偏高。

顾客：那你有什么可以推荐的？

客服：您可以试试我们的低脂健康比萨。

顾客：你怎么知道我会喜欢这种的？

客服：您上星期一在国家图书馆借了一本《低脂健康食谱》。

顾客：好。那我要一个家庭大号比萨。

客服：陈先生，大号的不够吃。

顾客：为什么？

客服：因为您家一共有六口人。来个特大号的，怎样？

顾客：要付多少钱？

客服：99元。这个足够您一家六口吃了。但您母亲应该少吃，她上个月刚刚做了心脏搭桥手术，还处在恢复期。

顾客：那可以刷卡吗？

客服：陈先生，对不起。请您付现款。

顾客：你们不是可以刷卡的吗？

客服：一般是可以的。但是您的信用卡已经刷爆了，您现在还欠银行4807元，而且还不包括您的房贷利息。

顾客：那我先去附近的提款机提款。

客服：陈先生，根据您的记录，您已经超过今日提款限额了。

顾客：算了，你们直接把比萨送我家吧，家里有现金。你们多久会送到？

客服：大约30分钟。如果您不想等，可以自己骑摩托车来取。

顾客：为什么？

客服：根据我们GPS全球定位系统车辆行驶自动跟踪记录显示，您登记的一辆车号为SB-748的摩托车，目前正在解放路东段华联商场右侧行驶，离我们店只有

50米。

顾客：好吧（头开始晕）。

客服：陈先生，建议您再带一小份海鲜比萨。

顾客：为什么？你不是说我不能吃吗？

客服：根据我们CRM系统分析，今天您与一位女性通话频率高、时间长，今天又是2月14日，我们分析应该是您的情人，而这位手机用户近来一直买的是海鲜比萨，她应该喜欢这种口味。

顾客：……

客服：您最好现在就送回家，否则您就不方便出来了。

顾客：为什么？

客服：根据我们定位系统，您的爱人大约30分钟后到家。

顾客：我为什么要出来？

客服：您已在汇峰酒店预订了今晚的房间。

顾客：当即晕倒……

这就是大数据！

总结：每个人在大数据的面前，相当于一丝不挂。所以，不久的将来，所有进入大数据管理的人都很守规则，社会秩序会越来越好，因为在大数据面前，遵守规则才是正路，否则，你没路可走！

由此案例可知，当人们生活在这个信息共享的大数据时代，你不需要花费多少精力就可以轻松地获得你需要了解的信息。显然，这对于一个管理者是多么方便，多么重要。作为基层管理者的班组长了解这方面的知识当然就很有必要了。大数据的相关知识如表9-10所示。

表9-10 大数据的相关知识

项目	具体内容
大数据的定义	大数据，又称巨量资料，指的是所涉及的数据资料量规模巨大到无法通过人脑甚至主流软件工具在合理时间内达到撷取、管理、处理、并整理成为帮助企业经营决策更积极目的的资讯
大数据的采集	科学技术及互联网的发展，推动着大数据时代的来临，各行各业每天都在产生数量巨大的数据碎片，数据计量单位已从从Byte、KB、MB、GB、TB发展到PB、EB、ZB、YB甚至BB、NB、DB来衡量。大数据时代数据的采集也不再是技术问题，而是面对如此众多的数据，我们怎样才能找到其内在规律
大数据的特点	大数据的特点：数据量大、数据种类多、要求实时性强、数据所蕴藏的价值大。在各行各业均存在大数据，但是众多的信息和咨询是纷繁复杂的，我们需要搜索、处理、分析、归纳、总结其深层次的规律

续表

项目	具体内容
大数据的挖掘和处理	大数据必然无法用人脑来推算、估测或者用单台的计算机进行处理，必须采用分布式计算架构，依托云计算的分布式处理、分布式数据库、云存储和虚拟化技术，因此，大数据的挖掘和处理必须用到云技术
大数据的应用	大数据可应用于各行各业，将人们收集到的庞大数据进行分析整理，实现资讯的有效利用。例如，在奶牛基因层面寻找与产奶量相关的主效基因，我们可以首先对奶牛全基因组进行扫描，尽管我们获得了所有表型信息和基因信息，但是由于数据量庞大，就需要采用大数据技术，进行分析比对，挖掘主效基因
大数据的意义和前景	总的来说，大数据是对大量、动态、能持续的数据，通过运用新系统、新工具、新模型的挖掘，从而获得具有洞察力和新价值的东西。以前，面对庞大的数据，我们可能会一叶障目、只见一斑，因此不能了解到事物的真正本质，从而在科学工作中得到错误的推断。而大数据时代的来临，一切真相将会很容易地展现在我们面前

参考文献

[1] 吴拓. 现代企业管理. 第3版. 北京：机械工业出版社，2017.
[2] 吴拓. 现代工业企业管理. 北京：电子工业出版社，2012.
[3] 吴拓，蔡菊. 现代企业现场管理与ERP系统. 北京：机械工业出版社，2019.
[4] 胡凡启. 现代企业车间和班组管理. 北京：中国水利水电出版社，2010.
[5] 陈旭东. 现代企业车间管理. 第2版. 北京：北京交通大学出版社，2016.